数字化城市管理系列标准
应用实施指南

住房和城乡建设部标准定额研究所　编著

中国建筑工业出版社

图书在版编目（CIP）数据

数字化城市管理系列标准应用实施指南/住房和城乡建设部标准定额研究所编著. —北京：中国建筑工业出版社，2020.6
ISBN 978-7-112-25179-7

Ⅰ.①数…　Ⅱ.①住…　Ⅲ.①城市管理-国家标准-中国-指南
Ⅳ.①F293-65

中国版本图书馆 CIP 数据核字（2020）第 086843 号

责任编辑：丁洪良　石枫华
责任校对：李美娜

数字化城市管理系列标准应用实施指南
住房和城乡建设部标准定额研究所　编著

*

中国建筑工业出版社出版、发行（北京海淀三里河路 9 号）
各地新华书店、建筑书店经销
北京科地亚盟排版公司制版
北京建筑工业印刷厂印刷

*

开本：787×1092 毫米　1/16　印张：7　字数：173 千字
2020 年 8 月第一版　　2020 年 8 月第一次印刷
定价：**39.00** 元
ISBN 978-7-112-25179-7
（35791）

版权所有　翻印必究
如有印装质量问题，可寄本社退换
（邮政编码 100037）

《数字化城市管理系列标准应用实施指南》
编委会

主任委员：李 铮
副主任委员：马 虹
编制组长：展 磊　赵 霞　张永刚
编制组成员：高 萍　郭 滨　曾明波　黄 坚　王洪深
　　　　　　曾雄飞　李圣权　袁 帆　张 旭　高建武
　　　　　　张惠锋　尚冶宇　程小珂　周志峰　李 霞
　　　　　　郭 晟　陈建伟　杨京桦
评审组成员：蒋景瞳　曾 澜　王 丹　皮定均　庞艳平
　　　　　　王海滨　胡税喜

编 制 单 位

住房和城乡建设部标准定额研究所
全国智能建筑及居住区数字化标准化技术委员会
中外建设信息有限责任公司
住房和城乡建设部数字城管学组
成都市城市管理数学化监督管理中心
成都市城市环境管理科学研究院
北京市东城区城市管理监督中心
建设综合勘察研究设计院有限公司
北京数字政通科技股份有限公司
立得空间信息技术股份有限公司
城云科技（中国）有限公司

前　言

现代化的城市管理需要科学的规划、合理的建设、高效的监控、智慧化的管理与服务。为破解城市管理难题，2004 年北京市东城区首创建立了"数字化城市管理新模式"。数字化城市管理从更新城市管理理念入手，以创新体制机制为引领，以宣贯标准为先导，以解决城市管理问题为工作重点，以提升人民群众的幸福指数为根本目的，通过应用集成计算机、移动互联网、数据库等现代信息技术，探索支撑现代网格化城市管理的系统工程和技术。通过创新现代城市管理体制、机制，探索建立了"监管分离"的"双轴心"管理体制，创建了将城市管理对象精确定位的"单元网格管理法"和"城市部件事件管理法"，建立了科学的城市管理闭环业务流程和绩效评价机制，构建了一个适应城市管理新体制、新机制和新方法的数字化城市管理信息系统。

数字化城市管理模式在广泛推广应用过程中，坚持标准引路，不断创新，日臻完善，取得了建设运行的良好效果，实现了管理模式的标准化、规范化，成为我国信息化工程的成功范例。实践证明，数字化城市管理相关标准在指导全国各地数字化城市管理信息系统全面、高效建设，促进系统健康可持续运行和提升城市精细化管理发挥了至关重要的作用。为此，我所组织有关单位编写了《数字化城市管理系列标准应用实施指南》（以下简称《指南》），用于指导规划、建设、管理人员准确理解数字化城市管理系列标准。

《指南》共分 6 章，第 1 章对数字城管的发展历程、作用意义等进行简要描述；第 2 章对数字城管的组织模式、业务流程等提出基本要求；第 3 章对数字城管系统建设、验收和运行标准进行解析；第 4 章对数字城管的建设、运行维护的实施过程进行指导；第 5 章对数字城管在设计、实施和运维方面的常见问题进行分析；第 6 章对新信息技术在数字城管领域的应用进行展望。

《指南》编写及应用有关事项说明：

1. 本《指南》以目前颁布的数字城管系列产品标准为立足点，以其在工程中的合理应用为目的编写；

2. 本《指南》重点介绍数字城管相关标准的应用，对标准本身的内容仅做简要说明，详细内容可参阅标准全文，本《指南》不能替代标准正文；

3. 本《指南》对涉及的相关标准状态进行了说明，也参考了部分即将颁布的标准，相关内容仅做参考，使用中仍应以最终发布的标准文本为准；

4. 本《指南》及内容均不能作为使用者规避或免除相关义务与责任的依据。

作为住房和城乡建设部建设标准化研究与技术管理机构，我所在长期标准化研究与管理经验基础上，结合工程建设标准化改革实践，将组织相关领域的权威机构与人员，通过严谨的研究与编制程序，陆续推出各专业领域的系列标准应用实施指南，以作为指导广大工程技术与管理人员建设实践活动的重要参考，推进建设科技新成果的实际应用，引导工程技术发展方向，促进工程建设标准的准确实施。

由于数字化城市管理内容广泛，《指南》选材、论述、引用等可能存在不当之处，还望广大读者能够多加理解，并及时联系作者修正，以便在后续出版中不断完善。

住房和城乡建设部标准定额研究所

2020 年 1 月

目　录

第1章 概　　述

城市是地理空间、自然生态、人类物质文明和精神文明的统一载体，是现代人类社会政治、经济、科技与文化活动的中心。城市管理是城市工作的永恒主题。在城市发展和建设过程中，城市的市政公用、市容环境、园林绿化、道路交通等设施和生产生活环境，每时每刻都在发生变化。为保证城市健康运行，不断增强市民的幸福感、安全感，保障城市政治、经济、科技、文化和生态环境的可持续发展，亟需对管理理念落后、方式方法粗放、监管信息缺失、质量效率低下的传统城市管理模式进行变革创新。2004年北京市东城区首创建立了"数字化城市管理新模式"（以下简称"数字城管"），数字城管从更新城市管理理念入手，以创新城市管理体制机制为引领，以宣传贯彻标准规范为先导，以解决城市管理问题为导向，以提升人民群众的幸福感为根本目的，通过应用集成计算机、移动互联网、3S（地理信息系统GIS、遥感RS、全球卫星导航定位系统GNSS）、数据库等现代信息技术，建成了支撑新城市管理体制机制运行的系统工程技术体系。通过创新城市综合管理服务体制，建立"监管分离"的"双轴心"管理机制，创立基于精细化管理理念的"单元网格管理法"和"城市部件事件管理法"，建立科学的闭环业务流程和绩效评价体系，成功构建了符合我国新时代城市发展规律的城市管理长效机制。

习近平总书记高度重视和充分肯定数字城管在更新城市管理观念，提高城市管理效率，提升城市管理水平等方面的积极作用。2005年～2006年，时任浙江省委书记的习近平同志就对数字城管工作作出重要指示，现代城市需要现代管理，要广泛运用信息技术，推进"数字城管"，特别是大中城市要大力采用"万米单元网格管理法"和"城市部件事件管理法"，实现管理手段的现代化，促进城市管理精细化、科学化、智能化。在2017年全国人大、政协会议期间，习近平总书记又强调指出，要强化智能化管理，提高城市管理标准，更多运用互联网、大数据等信息技术手段，推进城市治理制度创新、模式创新，提高城市科学化、精细化、智能化管理水平，同时要求"城市管理应该像绣花一样精细"。

2015年召开的中央城市工作会议和颁布的《中共中央、国务院关于深入推进城市执法体制改革改进城市管理工作的指导意见》（中发〔2015〕37号）（以下简称"中央37号文件"），宣示我国城市管理事业跨入了新时代。党中央对城市管理，特别是对数字城管的一系列重要指示精神，为数字城管的发展提出了新要求，指明了新方向。全面推广应用数字城管是我国今后一个时期城市管理工作的要务，是加快城市智慧建设的战略举措，对于推进我国经济社会发展具有重要意义。

1.1 数字城管基本情况

1.1.1 产生背景

中国特色社会主义进入新时代之后，特别是十几年数字城管的发展历程显示，在中国城镇化高速进程中，城市设施和民生服务需求的急剧上升与城管制度滞后和资源供给不足，已经成为现阶段城市管理工作的主要矛盾。而在相当一个时期内，地方政府为化解这些矛盾问题所给予的制度供给和资源供给，囿于传统管理体制而难以突破界限，更不能与日益增长的民生需求相契合，使供需两侧的矛盾愈加凸显，传统城市管理模式下的体制机制弊端面临着严峻挑战：管理空间界限不清，部门职能交叉职责不明，造成大量城市管理问题处于"似管非管"的"准真空"状态；问题定性无标准，发现问题不全面、不及时，上报问题信息及位置不准确，给问题处置带来困难；城市管理"条条分割"、"条块分割"问题突出，区域、部门和岗位缺乏整体联动，没有形成"共建、共治、共享"的城市治理格局；城市管理各责任主体之间的信息链路没有打通，严重的"信息孤岛"现象，导致协调、协同的综合治理合力效应未能有效发挥；市民参与监督城市管理的渠道不畅通，管理部门获取社会公众呼声不及时，使市管理成为"政府管制"理念下的一厢情愿；城市管理决策者缺乏全面、规范、系统、完整的数据依据，降低了城市管理政策、法规和标准制定的科学性和有效性；特别是将管理处置与监督考评集于管理者自身，既是"运动员"又当"裁判员"，以科学、客观、公正、奖罚分明的考核评价体系为重心的"核心动力机制"的缺失，成为城市管理效能低下的症结所在。

在现代城市快速发展和前所未有的城市管理使命重压之下，城市管理决策者愈来愈感到，迅速改变城市管理现状，坚持"以人民为中心"，以满足人民群众日益增长的物质和文化生活需要为目标，运用现代城市管理理念、方式、方法和手段对城市实行精准、精细、实时和人性化的管理与服务，已经成为地方党委政府工作的要务，势在必行。在这种强烈地期盼和呼唤中，"数字城管"应运而生，它为探索破解城市管理困局迈出了坚实一步，对于深入推进城市执法体制改革、改进城市管理工作具有重要意义。

1.1.2 主要内容

数字城管主要包括以下内容：

1. 创新管理体制机制。按照新时代城市管理基本规律，构建了监督与管理职能既相互分离又互相协同的城市综合管理服务体制，建立起"两级政府，三级管理，四级网络"的长效管理体系；搭建了适应新体制要求的工作运行机制，实现了城市管理从多头管理到统一综合管理，从粗放式管理方式到闭环式业务流程，从"监管不分"权责错位到"监管分离"考评到位的重大转变，显著提升了城市管理效能。

2. 划清管理边界。按照《单元网格》标准，根据城市管理现状，科学划分相关责任主体的城市管理责任区域范围，初步扭转了"条条不分、条块不分"、责任界限不清、扯皮推诿的管理乱象。

3. 框定管理职责。按照《管理部件和事件》标准，梳理管理对象，把城市管理的具体内容通过部件和事件划分的方法，确权确责，实行定位、定量和定性的精准化管理，基本解决了城市管理各相关部门管什么、谁来管的问题。

4. 明确管理标准。按照《立案、处置和结案》标准，规范城市管理问题从发现问题立案、处置反馈到核查结案各业务节点的管理及工作标准和操作要求，为实施科学公正的考核评价提供了标准和数据支持。

5. 建立闭环业务流程。按照《技术规范》标准，规范了城市管理问题从发现、立案到派遣、处置，从处置情况反馈到核查结案全流程各环节、各岗位的工作职责及操作要求，每个案件只有达到标准要求后才能离开业务流程，切实做到"件件有结果，事事有回音"。

6. 建立考核评价体系。按照《绩效评价》标准，对涉及城市管理职责的区域、部门和岗位人员使用系统生成的客观履职数据，进行区域考核、部门考核和岗位考核，实现了考核评价的科学、客观、公正，并且通过对绩效考评结果"奖罚分明"的有效运用，充分调动了各责任主体的工作积极性。

7. 建设数字城管系统平台。综合运用数字城管相关标准，通过应用多种现代信息技术，构建了一个适应城市管理新体制机制、支撑城市管理新业务流程的数字城管信息系统平台，实现了城市管理的信息交流数据化、信息采集多元化、工作流程闭环化、信息交互快捷化和评价结果科学化。

1.1.3　体系构成

数字城管由组织体系、制度体系、系统平台、基础数据和专职队伍等内容构成。

1. 组织体系

按照监督考核相对独立原则，明确应建立隶属于政府的相对独立的综合协调机构——数字化城市管理监督指挥中心，受政府委托履行城市管理监督考核职责。这一组织体系，将分散于多个部门的城市管理监督考核职能集中统一到与处置职能脱钩的监督考核机构中，实现了城市管理问题处置与监督考核的职责分离，为建立独立、科学、公正的城市管理监督考核机制奠定了体制基础。

2. 制度体系

以监督、处置和考核三项制度为重点的制度体系，是数字城管长效运行机制的核心。通过制定《数字城管部件事件管理规范》、《数字城管监督手册》，构建以问题发现、核查结案为核心内容的城市管理问题监督制度；通过制定《数字城管指挥手册》，构建以处置主体明确、处置结果规范、处置时限精准为核心内容的城市管理问题处置制度；通过制定《数字城管综合绩效考核办法》，构建对各责任主体和监督机构的考核评价制度，并将数字城管考核结果纳入地方党委政府对有关区域部门及主要负责人的绩效考核、行政效能监察或领导干部考核等指标体系中，保证监督、处置、考核机制长期发挥效能。

3. 系统平台

系统平台主要由基本运行环境和应用系统两部分组成。基本运行环境包括中心机房、系统软硬件、网络基础设施、空间地理信息、信息安全体系、数据库等内容。应用系统包括监管数据无线采集、监督中心受理、协同工作、地理编码、监督指挥、综合评价、应用维护、基础数据资源管理及数据交换等 9 个基本子系统。各地在建设和发展中，还根据实际需求对系统功能进行了拓展和升级。

4. 基础数据

以基础地图和单元网格划分为基础，通过应用支撑数字城管系统运行的基础地形数据、基础地理数据、地理编码数据、部件事件数据、实景影像数据等资源，建立基于城市空间地理信息数据的基础数据库、基于城市管理部件事件普查及运行数据的业务数据库、基于城市基础地理编码信息及单元网格数据的业务支撑数据库等，为数字城管提供了精准全面及现势性强的基础数据支撑。

5. 专职队伍

专职队伍包括城市管理信息采集监督员、监督中心受理员、指挥中心派遣员队伍以及各责任主体部门的管理员、处置员等。其中，城市管理信息采集监督员负责日常城市管理问题的信息采集、核实核查和各类专项普查工作；监督中心受理员负责受理信息采集员上报和领导批示、社会监督举报的城市管理问题信息，并进行审核、立案、批转、结案等工作；指挥中心派遣员负责将监督中心立案后批转的案卷派遣到相应的责任主体部门办理，并对案件处置情况进行协调督办；责任主体部门的管理员、处置员负责问题案卷的接收、处置和反馈工作。

1.2 数字城管发展历程

本节简要介绍数字城管的发展历程，包括创新试点、普及发展和智慧化升级三个阶段。

1.2.1 创新试点阶段

数字城管发源于北京市东城区。2003年北京市东城区政府组成由科研机构、业内专家和研发单位参加的课题组，从总结我国几十年来城市管理的经验教训入手，以先进城市管理理念为指导，以变革传统城市管理体制机制为切入点，以现代信息技术支撑的管理方式为依托，以化解新时代城市管理主要矛盾问题为导向，重组城市综合管理服务体系，再造城市管理业务流程，实行全新管理的方法和手段，探索出了一套符合我国现代城市管理基本规律的"网格化城市管理新模式"。新模式实施以后，较好地化解了一些城市管理的深层次矛盾，解决了许多社会关注的热点、难点问题，城市管理工作开始走出困局步入正轨。新模式取得的显著成效，引起中央及有关部委的高度重视和社会各界的广泛关注，一致认为，东城区创新的"数字化城市管理模式"，将城市管理的数字化、信息化、规范化和制度化与和谐社会建设融合在一起，是一件符合我国城市发展管理的创举，应当在全国推广。

住房和城乡建设部作为国家城市建设和管理的主管部门，在充分调研论证新模式的成功经验后，于2005年7月，在北京召开了数字城管新模式推广工作会议，同时，成立数字城管推广领导小组及其专家组，制定了数字城管发展规划，编制了《城市市政综合监管信息系统》4个行业标准，对全国数字城管的试点和推广工作进行具体规范指导。于2005年、2006年、2007年分三批在全国遴选出51个城市（区、县市）先行试点，先后在北京东城区、无锡、扬州、成都和秦皇岛等地召开了五次试点工作会议，大力推进试点工作。2009年以后，住房和城乡建设部持续推动全国的数字城管工作，由在部分城市试点转向在全国全面推广，并先后出台了《关于推广北京市东城区数字化城市管理模式的意见》、《数字化城市管理模式试点实施方案》、《关于加快推进数字化城市管理试点工作的通知》、《数字化城市管理模式建设导则（试行）》等文件，指导数字城管推广工作有计划、按步骤有序展开。在创新试点阶段，推广领导小组积极组织开展了一系列、多批次、多形式的数字城管系列标准宣贯培训活动，包括邀请业内领导、教授讲授城市管理理论及新技术应用方向，组织数字城管专家宣传贯彻系列标准，安排试点城市（区）交流经验做法，赴试点城市进行现场教学辅导等等。试点城市（区）还结合当地实际，制定出台了相关地方政策法规和标准规范等文件，在规划设计、方案编制、标准宣贯、技术支撑、经费保障、运行管理等方面提供了宝贵的新鲜经验，对于推进全国数字城管推广工作发挥了重要引领作用。

数字城管试点工作得到了中央领导、社会各界和广大人民群众的充分肯定和高度认同。许多地方政府领导认为，找到了一条提高城市管理工作效率质量、方便服务生产生活、提升人民群众幸福指数的有效途径。一些省市的主要领导都对试点及推广工作作出重要批示，特别是各级城市管理主管部门，对该项工作认识到位，积极推进，工作如火如荼进行。数字城管创新试点所取得的成效，为数字城管在全国普及发展奠定了坚实基础。

1.2.2 普及发展阶段

2013年9月，国务院颁布《关于加强城市基础设施建设的意见》（国发〔2013〕36号），明确要求"实现设市城市数字城管平台全覆盖。提升城市管理标准化、信息化、精细化水平，提升数字城管系统，推进城市管理向服务群众生活转变，促进城市防灾减灾综合能力和节能减排功能提升"。这是国家层面第一次对数字城管推广普及工作提出具体要求。据此，住房和城乡建设部安排各省（自治区、直辖市）住建行业主管部门，制定区域数字城管发展规划，积极推进本地数字城管建设工作。按照上级统一部署，上海、重庆、浙江、江苏、四川、山东等省市相继出台了本地全面推广数字城管的指导意见，组建了推广工作专家团队，并结合本地实际，制定了数字城管建设和管理导则、标准和考核办法等。在住房和城乡建设部统一组织领导下，经过近几年的积极推动，全国数字城管推广普及工作成绩斐然，令人瞩目。据初步统计，截至2018年12月，数字城管平台建设已覆盖了31个省、自治区和直辖市，其中，4个直辖市、265个地级以上城市（州、盟）、186个县级市、952个城区、553个县（旗），共计1960个（见表1-1）建设了数字城管平台，占应建总数的56%。其中北京、上海、天津、重庆、江苏、浙江、河北、山东、安徽、福建、江西、湖北等省市已经实现地级城市（区）全覆盖。

全国数字城管平台建设统计表 表 1-1

省/自治区/直辖市	行政区划数量						已建总体情况						覆盖率
	省/直辖市数	地级市（州盟）数	县			总数	省/直辖市数	地级市（州盟）数	县			已建总数	
			区级数	县级市数	县城数				区级数	县级市数	县城数		
北京	1	0	16	0	0	17	1	0	16	0	0	17	100%
天津	1	0	16	0	0	17	1	0	16	0	0	17	100%
上海	1	0	16	0	0	17	1	0	16	0	0	17	100%
重庆	1	0	27	0	12	40	1	0	27	0	12	40	100%
浙江		11	36	20	33	100		11	36	20	32	99	99%
江苏		13	68	20	16	117		13	66	20	16	115	98%
河北		13	61	18	101	193		13	53	18	100	184	95%
安徽		16	61	6	55	138		16	58	5	49	128	93%
河南		18	81	20	85	204		17	73	19	76	185	91%
山东		17	78	28	57	180		17	65	27	52	161	89%

续表

省/自治区/直辖市	行政区划数量						已建总体情况						覆盖率
	省/直辖市数	地级市(州盟)数	县			总数	省/直辖市数	地级市(州盟)数	县			已建总数	
			区级数	县级市数	县城数				区级数	县级市数	县城数		
湖北		13	60	21	39	133		13	58	14	23	108	81%
宁夏		5	9	2	11	27		4	7	1	6	18	67%
福建		9	38	13	42	102		9	30	7	20	66	65%
江西		11	44	11	64	130		11	28	4	37	80	62%
辽宁		14	71	16	25	126		10	47	6	4	67	53%
吉林		9	37	20	19	85		7	26	4	5	42	49%
四川	1	21	65	17	114	217		19	53	7	24	103	47%
陕西		10	40	4	74	128		9	31	2	15	57	45%
广东	1	21	108	20	83	232		18	66	3	9	96	41%
湖南		14	46	17	70	147		11	36	3	7	57	39%
贵州		9	22	9	65	105		6	16	6	11	39	37%
甘肃		14	22	4	65	105		7	10	0	19	36	34%
广西		14	47	7	62	130		10	31	0	1	42	32%
黑龙江		13	69	18	45	145		7	19	4	14	44	30%
海南		4	8	5	11	28		2	6	0	0	8	29%
新疆		14	14	24	68	120		8	11	9	5	33	28%
山西		11	23	11	85	130		9	16	2	8	35	27%
云南		16	21	15	97	149		5	17	3	13	38	26%
内蒙古		12	27	11	69	119		7	16	1	5	29	24%
青海		8	9	3	34	54		3	4	2	0	9	17%
西藏		7	6	0	68	81		1	1	0	0	2	2%
合计	6	337	1246	360	1569	3518	6	263	955	187	563	1974	56%

注：本数据源于《2019继续前行-数字城管学组2018年度总结》，数据截至2018年12月。

1.2.3　智慧化升级阶段

"中央37号文件"明确指出，要加快数字城管向智慧化升级，通过建设智慧城管，综合考虑公共秩序管理和群众生产生活需要，合理安排各类公共设施和空间布局，加强对城市规划、建设实施情况的评估和反馈，增强城市规划、建设、管理的科学性、系统性和协调性。按照中央要求推进数字城管智慧化升级，就是要通过建设智慧城管，变被动管理为主动服务，变末端执法为源头治理，从源头上预防和减少违法违规行为，并最大可能地增强城市安全运行预警能力。数字城管智慧化升级包括制度升级和技术升级两方面内容，一方面，依据现代城市管理客观规律，按照"3+1"大部制城市管理体制，进一步改造优化数字城管的体制机制，修改完善数字城管标准体系，实现管理制度供给侧的智慧化升级。另一方面，积极应用云计算、物联网、移动互联网、大数据、人工智能等新信息技术，改造提升城市管理各行业的管理、运维科技水平，进一步增加信息采集、管理流程、系统搭建、数据分析等管理和应用技术的科技含量，实现技术资源供给侧的智慧化升级。通过数字城管智慧化升级，有效化解现阶段城市管理工作的主要矛盾问题，全面提高城市综合管理服务水平。

1. 增强城市智慧管理能力

依据"中央 37 号文件"关于城市管理执法体制改革和改进城市管理工作的要求，框定数字城管管理职责，按照"3＋1"（市政公用、市容环卫、园林绿化；城管综合执法）城市管理体制，适时调整管理内容，进一步完善部件、事件分类编码清单，明确责任主体，建立以"监督、指挥、处置、考核"为中心的长效管理机制。依托信息化手段进行机制创新，打造集城市管理信息采集汇聚、城市管理问题处置调度指挥、城市管理绩效监督考评、城市管理公众服务为一体的智慧城市综合管理服务体系，实现城市管理感知、分析、服务、指挥、监察"五位一体"。

2. 增强城市管理执行能力

贯彻落实"中央 37 号文件"精神，将城市管理工作纳入经济社会发展综合评价体系和领导干部政绩考核体系，推动地方党委、政府履职尽责。加强城市管理效能考核，将考核结果作为城市党政领导班子和领导干部综合考核评价的重要参考。加强数字城管绩效评价结果的科学合理运用，将其作为城市管理目标考核指标体系的重要组成部分，充分体现考核评价的客观、公正性，保障和驱动数字城管健康可持续发展。

3. 增强城市管理技术智慧能力

积极运用现代信息技术，通过对城市各种信息的透彻感知和度量、泛在接入和互联以及智能分析与共享，依托先进技术提高部门之间信息数据的流转速率，促进城市管理综合管理服务体系内各级应用系统的协同合作，实现"干净、整洁、有序"的城市管理目标。

4. 增强数据分析决策能力

充分利用多年积累的数字城管运行数据，通过数据挖掘和分析，发现规划缺项、建设漏项和管理弱项问题成因及其规律，搞好对"规划、建设、管理"全过程的监督及绩效评价考核指标的设计，注重从源头设置指标管控高发案件，建立城市管理问题事前分析、事中研判、事后解决的工作运行机制，有的放矢地监督和规范从业者行为，增强城市管理问题源头治理能力，推进城市管理进入良性发展轨道。

5. 增强标准规范的发展进步能力

适应不断发展进步的城市管理体制机制新形势，顺应新信息技术迅猛发展的大趋势，适时编制和修订数字城管标准规范，不断完善数字城管标准体系，引领数字城管智慧化升级。遵循城市管理客观规律，积极推动数字城管相关政策、法规不断完善，为数字城管积极、扎实地智慧化升级提供基础性保障。进一步提升标准体系的普适性，使其在服务"一带一路"倡议和推进数字城管国际化中发挥愈来愈重要的作用。

1.3　数字城管标准发展

1.3.1　编制过程

为体现信息化建设标准先行理念，规范和指导全国数字城管建设和管理运行，提高城市管理水平，在新模式推广之前，原建设部即组织专班对东城区网格化城市管理新模式的理论及实践进行了总结、提炼和整理，在遵循国家相关法规、标准的基础上，编制并发布实施了《城市市政综合监管信息系统技术规范》CJJ/T 106—2005、《城市市政综合监管信息系统　单元网格划分与编码规则》（CJ/T 213—2005）、《城市市政综合监管信息系统　地理编码》（CJ/T 215—2005）、《城市市政综合监管信息系统　管理部件和事件分类与编码》（CJ/T 214—2005）等 4 项数字城管建设行业标准。2007 年将《城市市政综合监管信息系统　管理部件和事件分类与编码》（CJ/T 214—2005）修订为《城市市政综合监管信息系统　管理部件和事件分类、编码及数据要求》（CJ/T 214—2007）。2008 年、2009 年，为适应数字城管推广普及需求，又先后编制发布了《城市市政综合监管信息系统　绩效评价》（CJ/T 292—2008）、《城市市政综合监管信息系统　监管数据无线采集设备》（CJ/T 293—2008）、《城市市政综合监管信息系统　监管案件立案、处置与结案》（CJ/T 315—2009）等 3 项建设行业标准。2010 年对技术规范标准进行了修订。2013 年又新增了《城市市政综合监管信息系统　管理部件和事件信息采集》（CJ/T 422—2013）、《城市市政综合监管信息系统　模式验收》（CJ/T 423—2013）等 2 项建设行业标准。至此，数字城管从 2005 年开始，在经过试点、推广、普及、发展历程后，在不断总结经验教训和发展规律的基础上，编制完成了由 1 项建设行业工程标准和 8 项建设行业产品标准构成的"城市市政综合监管信息系统"系列标准。这些标准内容全面、结构合理、条文清晰、相互协调，形成了有机整体，适用于数字城管规划建设、验收和管理运维全过程，为数字城管的建设、运行和可持续发展提供了重要保障。

1.3.2　行业标准升级国家标准

数字城管行业标准在规范指导全国数字城管建设运行中取得的显著效果，被国家标准化主管部门充分肯定和高度重视，为更好地适应数字城管迅速发展对标准的更高要求，促进数字城管行业标准与其他行业标准的融合对接，实现信息资源的整合与共享，进一步提高城市管理和公共服务的质量与效率，2010 年，国家标准化管理委员会批准将数字城管"城市市政综合监管信息系统"系列行业标准升级为"数字化城市管理信息系统"国家标准。升级后的国家标准由多部分组成，统一编号为 30428，每一项数字城管行业标准对应升级为国家标准 GB/T 30428 的一个部分。国家标准化管理委员会 2013 年发布实施了《数字化城市管理信息系统　第 1 部分：单元网格》（GB/T 30428.1—2013）、《数字化城市管理信息系统　第 2 部分：管理部件和事件》（GB/T 30428.2—2013）；2016 年发布了《数字化城市管理信息系统　第 3 部分：地理编码》（GB/T 30428.3—2016）和《数字化城市管理信息系统　第 4 部分：绩效评价》（GB/T 30428.4—2016）；2017 年发布了《数字化城市管理信息系统　第 5 部分：监管信息采集设备》（GB/T 30428.5—2017）和《数字化城市管理信息系统　第 7 部分：监管信息采集》（GB/T 30428.7—2017）；2018 年发布了《数字化城市管理信息系统　第 6 部分：验收》（GB/T 30428.6—2018）。

截至目前，现行的数字城管标准共 9 项，包括国家标准《数字化城市管理信息系统》（GB/T 30428）的第 1～第 7 部分、行业标准《城市市政综合监管信息系统　监管案件立案。处置与结案》（CJ/T 315—2009）和《城市市政综合监管信息系统技术规范》（CJJ/T 106—2010），其中行业标准《城市市政综合监管信息系统　监管案件立案、处置与结案》（CJ/T 315—2009）已修编为国家标准《数字化城市管理信息系统　第 8 部分：立案、处置和结案》（GB/T 30428.8），并于 2019 年 5 月报送国家标准化管理委员会审批发布。同时，拟将行业标准《城市市政综合监管信息系统技术规范》（CJJ/T 106—2010）修编升级为国家标准《数字化城市管理信息系统 第 9 部分：系统设置》（GB/T 30428.9），新编制国家标准《数字化城市管理信息系统　第 10 部分：社会监督信息受理》（GB/T 30428.10），此两个标准业经住房和城乡建设部标准化管理部门审核同意，并已报送国家标准化管理委员会审查立项，待批复后即可进入编制程序。

1.3.3　标准编制的原则

编制数字城管标准遵循了如下原则：

1. 科学性

数字城管标准提出的规定、指标、方法、流程等是在总结归纳了全国许多城市的经验后，由众多行业专家在丰富实践的基础上科学提炼和总结出来的，充分考虑了数字城管行业的共性和特性。

2. 先进性

数字城管标准以满足城市管理事业发展为前提，认真分析国内外相关技术的发展状况，在预期可达到的条件下，积极将最新的、成熟实用的高新技术纳入标准，包括计算机、网络、通信、3S（地理信息系统 GIS、遥感 RS、全球卫星导航定位系统 GNSS）、数据库等现代高新技术，并兼顾了物联网、移动互联网、云计算、大数据、人工智能等高端信息技术在数字城管中的应用，提高科技水平，使标准具有前瞻性。

3. 协调性

数字城管标准注重与相关法律法规及标准的协调性和一致性，避免了与法律法规、相关标准之间的矛盾冲突。同时保持了数字城管各项标准相互之间的衔接和协调。

4. 操作性

数字城管标准在重视科学性和先进性的同时，还坚持从实际需要出发，既积极采用成熟的高新技术，又不一味地追求高性能、高指标，使各项标准规定易于在全国各种规模、经济实力的城市实施，避免造成资金浪费。

5. 实用性

数字城管标准中规定的技术方法、业务流程、数量指标、时限长度等均与现行城市管理生态相吻合，能够切合实际地解决城市管理和服务中的问题，易于掌握，简便实用。

6. 扩展性

数字城管标准充分考虑了我国城市在城市规模、发展水平、城市特色等方面的差异性，在管理对象分类、处置时限设定、应用功能设置等方面都留有充分扩展余地，为使用者因地制宜做好工作提供了标准依据。

7. 规范性

数字城管标准的编制严格遵守现行国家标准《标准化工作导则　第 1 部分：标准的结构和编写》（GB/T 1.1）的有关规定，标准编制工作均经历准备、征求意见、送审和报批 4 个阶段，确保标准编写过程和格式的规范化。

此外，在将行业标准升级为国家标准时，还遵循了以下两项原则：

1. 保持主题

《城市市政综合监管信息系统》系列行业标准，规范和指导了全国数字城管的建设和运行，体现了数字城管模式的"服务"和"管理"主题，《数字化城市管理信息系统》国家标准的编制依然保持了这一主题。

2. 平稳过渡

数字城管国家标准的编制实质是在行业标准基础上进行修订，需要进行再总结、再审视、再提高，同时顾及已经遵照系列行业标准建设和运行的全国众多城市的实际情况，在对行业标准中规定的内容，诸如分类、指标、时限、流程、功能等进一步优化提升时，不做颠覆性地更改，保证了从行业标准到国家标准的平稳过渡。

1.3.4 行业标准和国家标准列表

数字城管国家标准和行业标准见表1-2。

数字城管标准列表 表 1-2

序号	标准编号	标准名称	标准状态
1	GB/T 30428.1—2013	数字化城市管理信息系统　第1部分：单元网格	现行
2	GB/T 30428.2—2013	数字化城市管理信息系统　第2部分：管理部件和事件	现行
3	GB/T 30428.3—2016	数字化城市管理信息系统　第3部分：地理编码	现行
4	GB/T 30428.4—2016	数字化城市管理信息系统　第4部分：绩效评价	现行
5	GB/T 30428.5—2017	数字化城市管理信息系统　第5部分：监管信息采集设备	现行
6	GB/T 30428.6—2018	数字化城市管理信息系统　第6部分：验收	现行
7	GB/T 30428.7—2017	数字化城市管理信息系统　第7部分：监管信息采集	现行
8	GB/T 30428.8—××××	数字化城市管理信息系统　第8部分：立案、处置和结案	报批稿
9	CJJ/T 106—2010	城市市政综合监管信息系统技术规范	现行
10	CJ/T 213—2005	城市市政综合监管信息系统　单元网格划分与编码规则	废止
11	CJ/T 214—2007	城市市政综合监管信息系统　管理部件和事件分类、编码及数据要求	废止
12	CJ/T 215—2005	城市市政综合监管信息系统　地理编码	现行
13	CJ/T 292—2008	城市市政综合监管信息系统　绩效评价	废止
14	CJ/T 293—2008	城市市政综合监管信息系统　监管数据无线采集设备	现行
15	CJ/T 315—2009	城市市政综合监管信息系统　城市管理部件事件立案、处置和结案	现行
16	CJ/T 422—2013	城市市政综合监管信息系统　管理部件和事件信息采集	现行
17	CJ/T 423—2013	城市市政综合监管信息系统　模式验收	现行

1.4 数字城管标准的应用成效

数字城管标准体系探索建立了"监管分离"的城市综合管理体制，创立了将城市管理对象精确定位的"单元网格管理法"和"城市部件事件管理法"，建立了科学的闭环业务流程，建设了数字化城市管理信息系统平台，实现了对城市管理对象的精准、精细、高效、规范管理，建成了对城市管理责任主体科学、客观、公开、公正的考核评价体系。数字城管标准在推动全国数字城管发展过程中发挥了十分重要的指导和规范作用，取得了显著的社会效益和经济效益。

1.4.1 指导数字城管节约建设高效运行

各地在筹建数字城管伊始，就把数字城管标准作为编制《数字城管系统可行性研究报告》和《数字城管系统建设方案》的主要依据，将系统建设的全生命周期完全置于标准规范的管控之中。并且按照"大部制"的新城市管理体制，规划数字城管综合管理服务体系，规范数字城管的管理模式，规划数字城管的监管区域和管理对象，促进市、区（县、市）、街（乡镇）整体联动和相关部门的资源信息整合共享，为实现数字城管的高效节约建设和健康运行奠定了基础。数字城管标准规范，规定了系统规划建设、系统验收和运行管理各阶段的工作标准，为政府部门检验系统建设质量、衡量技术水平以及评价系统运行质量效率提供了一套完整统一的标准依据。

1.4.2　促进城市管理部门转变思维方式和管理办法

数字城管的实质是对传统城市管理体制机制的变革与创新。标准规定各地应设立隶属地方政府、独立的实施机构——数字城管监督指挥中心，作为数字城管工作的综合、协调和督查部门，旨在充分发挥其统筹协调、监督考核职能，在数字城管标准规范框架内，通过建立主动发现、及时处置、有效监督的闭环业务流程，制定和落实数字城管全流程各环节工作标准与工作要求，建立绩效评价考核体系，督导各城市管理责任主体切实转变管理理念和管理方式，履职尽责，促进城市管理工作效能质量大幅度提升。

1.4.3　规范数字城管健康可持续发展

各地在实施数字城管的过程中，严格依据数字城管标准组建实施机构、建设管理队伍、制订相关制度、构建系统平台、实行闭环业务流程、制订科学绩效考核评价办法，建成了"监督、指挥、处置、考核"四位一体的运行管理体系，形成具有强大核心驱动力的城市管理长效机制，保障数字城管长治久安、健康可持续发展。

1.4.4　作为数字城管验收依据

数字城管的验收标准严格规定，各地的数字城管建设与运行都必须以数字城管系列标准作为主要依据，并且在验收标准中对系统建设与运行效果的验收内容、验收程序、验收指标、评分标准以及运行效果等，都予以明确具体规定。据统计，通过住房和城乡建设部部级验收的 45 个试点城市（区），以及自 2009 年至今全国各省级行业主管部门验收通过的近 1900 多个县及县以上城市（区）的数字城管系统，均将执行数字城管标准作为验收的基本条件之一，并都依据标准进行验收，数字城管标准在全国的采用率基本达到 100%。

1.4.5　成为城市管理部门业务培训的主要教材

从 2005 年以来，数字城管标准文本累计印刷了近 10 万册。并且以数字城管标准为基本教材，开办了 20 余期部级和几十期省厅级标准宣贯培训班，参加培训的达到数万人次，为全国各地培养了大批推进数字城管发展的骨干和中坚力量。此外，许多省市还依据数字城管标准编制了相应的地方标准，使数字城管标准更加切合地方城市管理的应用实际。数字城管系列标准具有科学性、先进性、实用性、可操作性和可扩展性，达到了国际先进水平，荣获 2012 年度"华夏建设科学技术奖"一等奖。

1.4.6　规范相关企业按照标准研发制造产品

数字城管实现了建设、运行和管理的标准化，这就要求与之匹配的主要核心软硬件产品以及进入数字城管系统运行的包括数字市政、数字环卫、数字园林、数字执法等在内的应用软件和配套硬件设备，都须按照标准规范进行研发、设计和制造。为保证系统应用软件的安全性和实用性，住房和城乡建设部组织的针对数字城管应用软件的测评工作，也以数字城管标准作为判定软件功能和性能指标的测评依据，从而保证了系统软硬件的标准规范，为建设全国城市管理综合管理服务平台，实现数字城管"国家、省、市、县"四级系统互联互通，提供了重要的基础性保障。

1.5 数字城管标准的作用和意义

数字城管创建伊始，就牢固树立标准先行理念，坚持以标准规范为标尺，以应用需求为导向，以"能用、好用、管用"为目标，根据行业成长周期的不同节点和行业发展的不同阶段，适时编制相关的标准规范，既从宏观上紧跟城市管理改革发展节拍，更好地服从和服务于城市管理事业大局，助推深化城市执法体制改革和改进城市管理工作，又从微观上探索数字城管机制创新，不断规范"监督、指挥、处置、考核"各环节的履职行为，保障数字城管健康可持续发展。15年的实践证明，数字城管围绕城市管理工作进行的"体制机制改革、方法手段创新、保障制度建设"等方面的积极探索，为新一轮城市执法体制改革提供了新鲜经验和典型案例。同时，数字城管在发展中不断增强自适应能力，已经成为新时代我国城市管理的"主导模式"，并且继续保持强大生命力和旺盛的发展活力。在实施国家新时代城市管理战略中，伴随着新信息技术的推广应用，数字城管标准将不断创造新理念，适应新形势，满足新需求，在加快城市管理向城市治理发展和服务"一带一路"倡议中发挥更加积极的作用。

1.5.1 积极推进城市管理体制机制变革

数字城管在其《建设导则》和《技术规范》标准中，围绕构建城市综合管理服务体系，创新建立"监督考评轴"和"指挥处置轴"两轴分离的管理机制，化解了传统城市管理体制下权责不清、监管不分、管理效率低下的症结。"两个轴心"的监管机制，从不同角度创立和强化了"高位监督"、"监管分离"原则和管理理念，从系统架构上规范了管理机制，业务流程上规定了工作路线图，从制度设计上固化了数字城管模式。各地按照标准规范要求，通过实行监督与管理职能既分离又相互促进的城市综合管理体制机制，建成了问题及时发现与快捷处置的协同工作体系，实现了城市管理从多头管理到统一管理、从粗放性管理到精细化管理的重大转折，为提升城市管理质量与效率，实现城市管理的科学化、精细化、智能化提供了重要的体制机制保障。

1.5.2 实现城市管理精细化

数字城管率先提出网格化管理理念，创造了"单元网格管理法"，明确了各城市管理责任主体、责任人的管理责任区域边界，使监管区域界限清晰，有效避免因管理界限不清、推诿扯皮所造成的管理责任真空。通过"单元网格管理法"，将各种数据资源、信息资源、管理资源、服务资源进行整合，实现了资源共享，为城市的精细化管理、科学化考评提供了基础和载体。同时创立"城市部件事件管理法"，将管理对象与管理区域的责任主体予以一一对应，保证城市管理问题"件件有人管，事事有着落"，真正从管理源头上实现了城市管理的精细化。

1.5.3　提升问题发现与处置效能

数字城管建设了基础数据、业务数据和业务支撑数据库，将城市管理部件和事件与空间地理位置紧密关联，实现了对管理对象的定点、定位、定责监管。通过实施《管理部件和事件》标准，对城市管理部件事件予以统一分类与编码，可以直观和量化地统计与分析各类城市管理对象的状态，为在全国范围内实现城市管理对象的数据共享和监督管理，提供了重要的标准依据。同时，通过实施《地理编码》标准，建立管理对象与空间地理数据的位置关系，将城市管理部件和事件与单元网格结合，实现城市管理对象的定量、定性和定位。在此基础上，按照《数字城管监督指挥手册》所明晰的权属和责任划分，将监督考评、处置管理主体与管理对象实现精准匹配，为精准、精细、快捷解决城市管理问题提供了基础保障。

1.5.4　规范城市管理运行秩序

数字城管通过实施《立案、处置和结案》标准，规定了数字城管监管案件的分类依据、工作时限和管理要求，明确不同类别监管对象的责任主体，并指导地方政府和城市管理部门依据国家标准编制本地的《数字化城市管理部件事件管理规范》以及《数字城管监督指挥手册》，制定数字城管监管案件立案、处置和结案管控标准，为科学评价区域、部门、岗位工作质量和效率提供了重要依据。按照《技术规范》标准规定的城管问题从采集受理到派遣处置，从核查结案到考核评价全过程的闭合业务流程，各相关责任主体依据不同阶段、不同环节和不同岗位的工作标准，尽职履责，协同配合，促进城市管理秩序井然，工作质量效率大幅提升。

1.5.5　实现信息采集方式规范化

数字城管科学应用移动互联技术，按照《监管信息采集设备》标准，创造性的研发了监管数据无线采集设备-"城管通"，规定相关软硬件企业必须严格按照标准要求的性能和功能进行研发制造，为信息采集工作的规范操作、精确定位、快速上报和及时核实核查提供了可靠工具。按照《监管信息采集》标准，规范数字城管信息采集队伍组建方式、采集监督工作流程和采集质量管控及考核方法等，保证了采集信息的规范、全面、真实，为及时解决城市管理问题、客观公正评价各责任主体履职状况、科学分析研判城市管理深层次矛盾问题，提供了重要数据资源。

1.5.6　建立科学公正考评体系

数字城管为建立工作核心驱动机制，编制实施了《绩效评价》标准，以系统自动生成的各责任主体的履职过程和结果数据为基础，以公众监督、社会满意度及第三方测评为辅助，建立起科学、客观、公开、公平的城市管理工作考核绩效评价体系，对包括数字城管监管区域、部门、岗位在内的各责任主体进行综合考核评价，并且将科学、客观的评价结果纳入地方政府部门绩效考核、行政督查、行政问责以及对领导干部考核等考核指标体系，通过将数字城管履职绩效与领导政绩直接挂钩，为城市管理长效机制的长治久安提供了根本制度保障。

1.5.7 引领城市管理各行业规范化发展

随着数字城管的深化应用，除国家标准规定数字城管信息系统必须具备的 9 个基本子系统外，许多城市在数字城管智慧化升级中，不断扩展延伸数字城管的内涵和外延，一方面以数字城管平台为载体，对市政公用、市容环卫、园林绿化和城管执法行业的信息系统进行升级改造，围绕对标同行业先进水平，提高管理运行及考核标准，加强系统运行过程监管考评，推进城市管理各行业发展进步。另一方面以数字城管标准为导向，用数字城管的考评指标体系与考评结果，引导、影响和推动实现"干净、整洁、有序"的城市管理目标，全面提升城市综合管理服务水平。

1.5.8 推进城市管理向城市治理发展过渡

数字城管始终坚持"以人民为中心"，积极倡导"共建、共治、共享"的城市治理理念，围绕增强公民城市管理的参与和自律意识，在《技术规范》标准中即规定在数字城管系统中设立"12319"城市管理服务热线，引导市民积极参与城市管理。在向智慧化升级过程中，又积极应用移动互联网等新技术，开放和畅通多种媒体和自媒体信息交互渠道，使政府部门、社会组织、公众个人参与协调、管理城市共同事务的途径更加便捷，沟通方式更为直接，涉及范围更趋广泛，呈现出多元化、分散性、网络型和多样性的城市管理向城市治理发展新取向。

1.6 数字城管系统建设运行依据的其他标准

数字城管是一项复杂的系统工程，不仅需要严格遵循数字城管标准进行规范建设和管理运行，在其建设和运行管理过程中，还应依据其他相关信息化软硬件、网络及安全、显示设备、机房及机房安全等标准，以达到节约建设、高效运行的建设运行目标。这些标准主要包括但不限于以下诸项，见表1-3。

数字城管系统建设运行相关的其他标准 表 1-3

类别	序号	标准编号	标准名称
应用软件开发标准	1	GB/T 8566—2007	信息技术　软件生存周期过程
	2	GB/T 8567—2006	计算机软件文档编制规范
	3	GB/T 9385—2008	计算机软件需求规格说明规范
	4	GB/T 9386—2008	计算机软件测试文档编制规范
	5	GB/T 11457—2006	信息技术　软件工程术语
	6	GB/T 14394—2008	计算机软件可靠性和可维护性管理
	7	GB/T 15532—2008	计算机软件测试规范
	8	GB/T 16680—2015	系统与软件工程　用户文档的管理者要求
	9	GB/T 18726—2011	现代设计工程集成技术的软件接口规范
	10	GB/T 20157—2006	信息技术　软件维护

续表

类别	序号	标准编号	标准名称
应用软件开发标准	11	GB/T 20917—2007	软件工程 软件测量过程
	12	GB/T 25654—2010	手持电子产品嵌入式软件 API
	13	GB/T 26239—2010	软件工程 开发方法元模型
	14	GB/T 30972—2014	系统与软件工程 软件工程环境服务
	15	GB/T 30975—2014	信息技术 基于计算机的软件系统的性能测量与评级
	16	GB/T 30998—2014	信息技术 软件安全保障规范
	17	GB/T 33137—2016	基于传感器的产品监测软件集成接口规范
	18	GB/T 32421—2015	软件工程 软件评审与审核
	19	GB/T 32422—2015	软件工程 软件异常分类指南
	20	GB/T 32423—2015	系统与软件工程 验证与确认
	21	GB/T 32424—2015	系统与软件工程 用户文档的设计者和开发者要求
	22	GB/Z 20156—2006	软件工程 软件生存周期过程 用于项目管理的指南
	23	GB/Z 31102—2014	软件工程 软件工程知识体系指南
政务信息资源标准	24	GB/T 21062.1—2007	政务信息资源交换体系 第 1 部分：总体框架
	25	GB/T 21062.2—2007	政务信息资源交换体系 第 2 部分：技术要求
	26	GB/T 21062.3—2007	政务信息资源交换体系 第 3 部分：数据接口规范
	27	GB/T 21062.4—2007	政务信息资源交换体系 第 4 部分：技术管理要求
	28	GB/T 21063.1—2007	政务信息资源目录体系 第 1 部分：总体框架
	29	GB/T 21063.2—2007	政务信息资源目录体系 第 2 部分：技术要求
	30	GB/T 21063.3—2007	政务信息资源目录体系 第 3 部分：核心数据
	31	GB/T 21063.4—2007	政务信息资源目录体系 第 4 部分：政务信息资源分类
信息安全建设标准	32	GB/T 22239—2019	信息安全技术 网络安全等级保护基本要求
	33	GB/T 25069—2010	信息安全技术 术语
	34	GB/T 25070—2019	信息安全技术 网络安全等级保护安全设计技术要求
	35	GB/T 28448—2019	信息安全技术 网络安全等级保护测评要求
	36	GB/T 28452—2012	信息安全技术 应用软件系统通用安全技术要求
	37	GB/T 31509—2015	信息安全技术 信息安全风险评估实施指南
	38	GB/T 32914—2016	信息安全技术 信息安全服务提供方管理要求
	39	GB/T 32923—2016	信息技术 安全技术 信息安全治理
	40	GB/T 33132—2016	信息安全技术 信息安全风险处理实施指南
	41	GB/T 34975—2017	信息安全技术 移动智能终端应用软件安全技术要求和测试评价方法
	42	GB/T 34976—2017	信息安全技术 移动智能终端操作系统安全技术要求和测试评价方法
	43	GB/T 34977—2017	信息安全技术 移动智能终端数据存储安全技术要求与测试评价方法
	44	GB/T 34978—2017	信息安全技术 移动智能终端个人信息保护技术要求
	45	GB/T 35274—2017	信息安全技术 大数据服务安全能力要求
	46	GB/T 35278—2017	信息安全技术 移动终端安全保护技术要求
	47	GB/T 35279—2017	信息安全技术 云计算安全参考架构
	48	GB/T 35282—2017	信息安全技术 电子政务移动办公系统安全技术规范
	49	GB/T 35290—2017	信息安全技术 射频识别（RFID）系统通用安全技术要求
信息系统集成标准	50	GB 50174—2017	数据中心设计规范
	51	GB/T 2887—2011	计算机场地通用规范

类别	序号	标准编号	标准名称
信息系统集成标准	52	GB/T 5271.26—2010	信息技术 词汇 第26部分：开放系统互连
	53	GB/T 9361—2011	计算机站场地安全要求
	54	GB/T 16644—2008	信息技术 开放系统互连 公共管理信息服务
	55	GB/T 17142—2008	信息技术 开放系统互连 系统管理综述
	56	GB/T 18726—2011	现代设计工程集成技术的软件接口规范
	57	GB/T 21061—2007	国家电子政务网络技术和运行管理规范
	58	GB/T 21064—2007	电子政务系统总体设计要求
	59	GB/T 28181—2016	公共安全视频监控联网系统信息传输、交换、控制技术要求
	60	GB/T 30147—2013	安防监控视频实时智能分析设备技术要求
	61	GB/T 34678—2017	智慧城市 技术参考模型
	62	GB/T 36333—2018	智慧城市 顶层设计指南
	63	YD/T 1539—2019	移动通信手持机可靠性技术要求和测试方法
基础数据普查建库	64	GB 21139—2007	基础地理信息标准数据基本规定
	65	GB/T 2260—2007	中华人民共和国行政区划代码
	66	GB/T 10114—2003	县级以下行政区划代码编制规则
	67	GB/T 14912—2017	1：500 1：1000 1：2000 外业数字测图规程
	68	GB/T 17941—2008	数字测绘成果质量要求
	69	GB/T 18316—2008	数字测绘成果质量检查与验收
	70	GB/T 18317—2009	专题地图信息分类与代码
	71	GB/T 19710—2005	地理信息 数据
	72	GB/T 19710.2—2016	地理信息 元数据 第2部分：影像和格网数据扩展
	73	GB/T 20257.1—2017	国家基本比例尺地图图式 第1部分：1：500 1：1000 1：2000 地形图图式
	74	GB/T 20258.1—2019	基础地理信息要素数据字典 第1部分：1：500 1：1000、1：2000 比例尺
	75	CJJ/T 8—2011	城市测量规范
	76	CJJ/T 100—2017	城市基础地理信息系统技术标准
	77	CJJ/T 103—2013	城市地理空间框架数据标准
	78	CJJ/T 144—2010	城市地理空间信息共享与服务元数据标准
	79	CJJ/T 151—2010	城市遥感信息应用技术规范
	80	CJJ/T 157—2010	城市三维建模技术规范
	81	CH/Z 1002—2009	可量测实景影像
	82	CH/T 1027—2012	数字正射影像图质量检验技术规程
	83	CH/T 9015—2012	三维地理信息模型数据产品规范
	84	CH/T 9016—2012	三维地理信息模型生产规范
	85	CH/T 9017—2012	三维地理信息模型数据库规范
	86	CH/T 9024—2014	三维地理信息模型数据产品质量检查与验收

注：上述86项标准为现行标准，如在项目建设和实施过程中此类标准已更新，请按照相应的新标准执行。

第2章 基本要求

本章主要介绍数字城管的基本要求，包括组织模式、业务流程、系统架构、系统功能、数据建设和运行环境。系统功能一节仅围绕数字城管基本要求进行说明，与新技术应用和数字城管智慧化升级有关的技术内容详见本书第6章论述。

2.1 组织模式和业务流程

本节详细说明数字城管的三种组织模式及其适用场景，以及数字城管闭环业务流程和"扁平化"业务流程。

2.1.1 组织模式

实行数字城管的城市，应根据城市的行政级别、规模、职能部门设置等实际情况，从《数字化城市管理信息系统 第6部分：验收》（GB/T 30428.6—2017）标准规定的"一级监督，一级指挥"；"一级监督，两级指挥"；"两级监督，两级指挥"三种组织模式中择定一种。三种组织模式的内涵及适用场景说明如下。

1. 一级监督，一级指挥

该组织模式可以细分为"市级监督，区（县市，下同）级指挥"，即市一级监督，区一级指挥；"市级监督，市级指挥"，即市一级监督，市一级指挥两种情形。

（1）"市级监督，区级指挥"组织模式，是在市里设立全市统一的监督中心，在各区设置指挥中心。市监督中心为监督轴，对城市管理进行高位监督考评，区指挥中心为指挥轴，履行具体的城市管理指挥处置职能。"市级监督，区级指挥"组织模式适用于城市管理重心在区级部门的城市。

（2）"市级监督，市级指挥"组织模式，是在市里设立全市统一的监督中心和指挥中心。市监督中心为监督轴，对城市管理实行高位监督考评；市指挥中心为指挥轴，履行具体的城市管理指挥处置职能。"市级监督，市级指挥"组织模式适用于市级协调指挥力度较大的城市。

2. 一级监督，两级指挥

是指"市级监督，市、区两级指挥"组织模式，即在市里设立全市统一的监督中心，在市设立市级指挥中心，在各区设立区级指挥中心。在各区城市管理职能较为齐全，但在区级政府建立监督体系较为困难的情况下，设置市、区两级指挥体系可以在一定管理权限内，强化城市管理的执行力度。"市级监督，市、区两级指挥"组织模式适用于区级政府监督管理力度相对不足的中型城市。

3. 两级监督，两级指挥

是指"市、区两级监督，市、区两级指挥"组织模式，即在市里设立市监督中心和市指挥中心，在各区设立区监督中心和区指挥中心。由市监督中心对城市管理进行全面监督考评，市指挥中心进行统一指挥。同时，在区级层面，要求区政府的各项职能相对比较完善，能够在一定范围内形成相对独立的监管考评和指挥处置体系。"市、区两级监督，市、区两级指挥"的组织模式适用于大型城市。

2.1.2 业务流程

数字城管业务流程主要包括信息采集、案件建立、任务派遣、任务处置、处理反馈、核查结案和综合评价7个阶段，涉及监督员与社会公众、监督中心、指挥中心和专业部门等4个环节，见图2-1。图2-1所示业务流程是一个基本流程，根据采用的组织模式不同，在监督中心、指挥中心环节会略有差异。

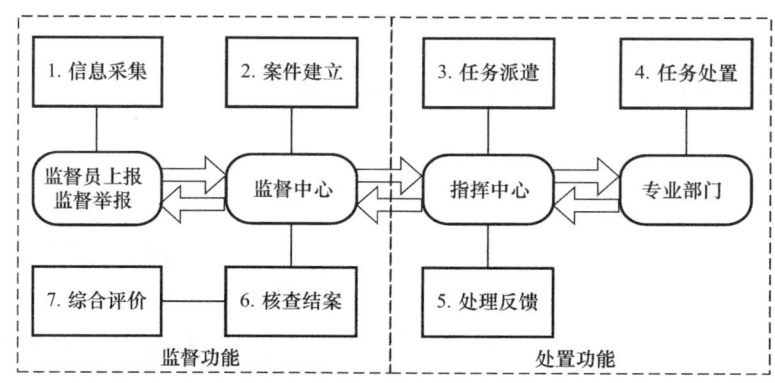

图 2-1 闭环业务流程

数字城管业务流程各阶段说明如下：

1. 信息采集阶段

信息来源包括监督员上报和社会监督举报（即公众举报）两大类。

监督员上报，是指监督员在所负责的责任网格内发现城市管理问题后，通过"城管通"及时上报监督中心。上报内容包括位置、图片、表单、录音等信息。除在街面巡查的监督员上报问题信息之外，还配备专门负责通过视频监控设备发现城市管理问题进行上报的视频监督员。

社会监督举报，是指除监督员上报外，通过其他途径，如电话、互联网、媒体、自媒体、物联网、领导批示和信访等向监督中心反映的城市管理问题。监督中心受理社会监督举报问题后，即通知监督员进行现场核实，由监督员通过"城管通"上报核实结果。

有条件的城市，还可以通过物联网感知、智能视频识别和人工智能等技术手段采集发现问题，自动上报监督中心。

2. 案件建立阶段

监督中心应审核接收的城市管理问题信息，立案后批转到指挥中心。

3. 任务派遣阶段

指挥中心应接收从监督中心批转来的案件，并派遣至相关专业部门进行处置。

4. 任务处置阶段

专业部门应按照指挥中心的指令完成案件处置，并将处置结果反馈给指挥中心。

5. 处理反馈阶段

指挥中心应将专业部门送达的案件处置结果反馈给监督中心。

6. 核查结案阶段

监督中心应将案件的处置结果通知监督员进行核查，待监督员报送核查结果后，监督中心比对核查信息与处置信息，两者一致时予以结案，否则重新派遣处置。

7. 综合评价阶段

监督中心依据系统中记录的案件处置全过程数据，对监管区域、责任部门和岗位进行量化管理和绩效评价。综合评价阶段是一个体现监督职能、检验工作绩效的重要阶段，通常以月度作为评价报告期，在月底时由系统自动生成对当月数字城管案件的履职过程数据，进行综合统计分析后，按照不同维度形成评价结果。

数字城管闭环业务流程是桌面模式下的传统业务流程。在移动互联模式下可以将业务流程进一步简化为采集立案、任务处置、核查结案和综合评价 4 个阶段，实现"扁平化"管理，提高管理效率。见图 2-2。

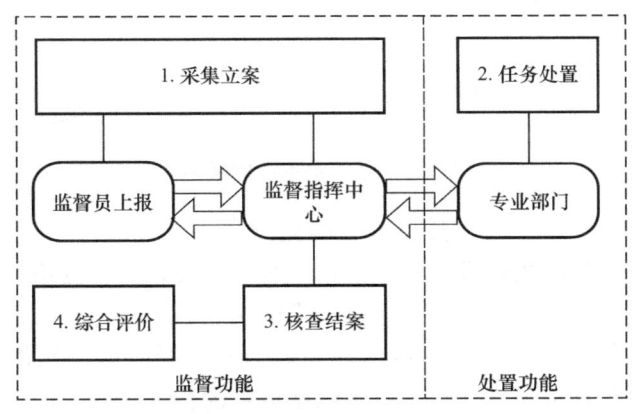

图 2-2　"扁平化"业务流程

2.2　系统架构

本节主要介绍系统的基本结构框架、性能指标、信息安全保障体系要求。

2.2.1　基本结构框架

依据《数字化城市管理信息系统　第 6 部分：验收》GB/T 30428.6—2017 的规定，系统基本结构框架应包括监管数据无线采集、监督中心受理、协同工作、监督指挥、综合评价、应用维护、基础数据资源管理、地理编码和数据交换 9 个基本子系统，见图 2-3。其中，监管数据无线采集、监管中心受理和协同工作 3 个子系统实现了城市管理问题从信息采集、案卷建立、任务派遣、任务处置、处理反馈、核查结案到综合评价 7 个业务流程阶段的闭环管理；地理编码子系统为其他子系统提供了地址描述和空间位置之间的对应关系；综合评价子系统实现了对区域、部门和岗位工作绩效的评价；监督指挥子系统通过大屏幕展现管理区域内的城市管理问题、业务办理、综合评价等运行过程及效果，查看部件、网格等基础数据资源；数据交换子系统实现了上下级系统之间，以及横向与各专业子系统之间的数据交换。

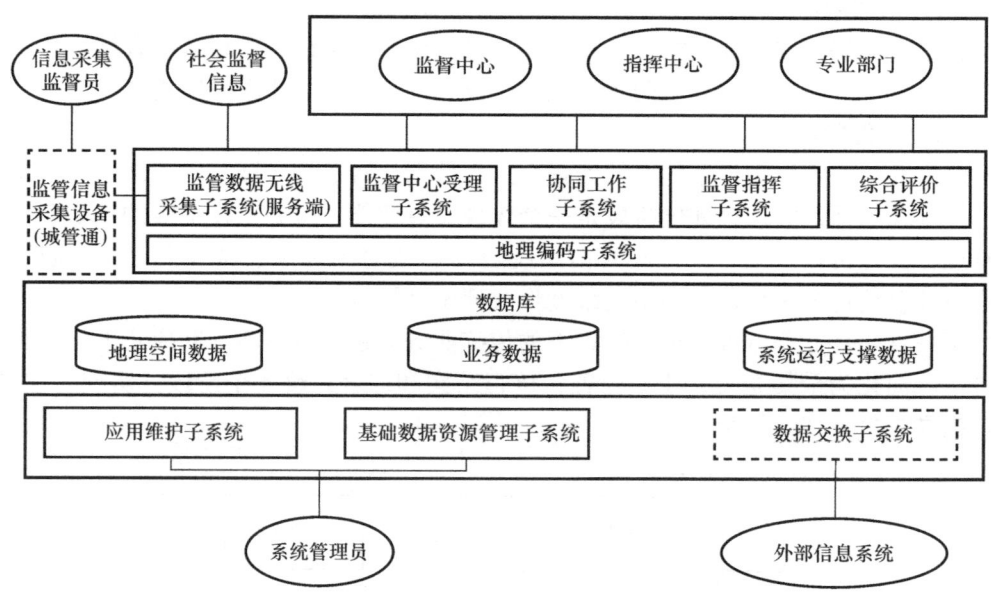

图 2-3　系统基本结构框架

　　系统平台既可以采用市、区（县市）一体化方式建设（也称集中式建设），也可以采用分布方式建设。采用集中式建设方式，由市里统一建设，区（县市）接入，可以节约投资，有利于实现系统功能、业务流程和数据标准的统一。

　　承建方在进行系统架构、功能和接口的设计、开发时应遵循软件工程、电子政务系统、信息技术、政务信息资源目录体系以及数字城管的相关标准。见表 2-1。

软件研发相关标准　　　　　　　　　　　　　　　　　　　　表 2-1

标准编号	标准名称
GB/T 5271.26—2010	信息技术　词汇　第 26 部分：开放系统互连
GB/T 8566—2007	信息技术　软件生存周期过程
GB/T 8567—2006	计算机软件文档编制规范
GB/T 9385—2008	计算机软件需求规格说明规范
GB/T 9386—2008	计算机软件测试文档编制规范
GB/T 11457—2006	信息技术　软件工程术语
GB/T 15532—2008	计算机软件测试规范
GB/T 16644—2008	信息技术　开放系统互连　公共管理信息服务
GB/T 16680—2015	系统与软件工程　用户文档的管理者要求
GB/T 17142—2008	信息技术　开放系统互连　系统管理综述
GB/T 18726—2011	现代设计工程集成技术的软件接口规范
GB/Z 20156—2006	软件工程　软件生存周期过程　用于项目管理的指南
GB/T 20917—2007	软件工程　软件测量过程
GB/T 21062.1—2007	政务信息资源交换体系　第 1 部分：总体框架
GB/T 21062.2—2007	政务信息资源交换体系　第 2 部分：技术要求

标准编号	标准名称
GB/T 21062.3—2007	政务信息资源交换体系　第 3 部分：数据接口规范
GB/T 21062.4—2007	政务信息资源交换体系　第 4 部分：技术管理要求
GB/T 21063.1—2007	政务信息资源目录体系　第 1 部分：总体框架
GB/T 21063.2—2007	政务信息资源目录体系　第 2 部分：技术要求
GB/T 21063.3—2007	政务信息资源目录体系　第 3 部分：核心数据
GB/T 21063.4—2007	政务信息资源目录体系　第 4 部分：政务信息资源分类
GB/T 21064—2007	电子政务系统总体设计要求
GB/T 26239—2010	软件工程　开发方法元模型
GB/T 28181—2016	公共安全视频监控联网系统信息传输、交换、控制技术要求
GB/T 30147—2013	安防监控视频实时智能分析设备技术要求
GB/T 30428.5—2017	数字化城市管理信息系统　第 5 部分：监管信息采集设备
GB/T 30428.6—2017	数字化城市管理信息系统　第 6 部分：验收
GB/T 30972—2014	系统与软件工程　软件工程环境服务
GB/Z 31102—2014	软件工程　软件工程知识体系指南
GB/T 32421—2015	软件工程　软件评审与审核
GB/T 32422—2015	软件工程　软件异常分类指南
GB/T 32423—2015	系统与软件工程　验证与确认
GB/T 32424—2015	系统与软件工程　用户文档的设计者和开发者要求

2.2.2　性能指标

为保证系统运行稳定可靠并达到良好的用户操作体验，标准规定了系统的主要性能指标，要点如下：

1. 一般业务操作时间不宜超过 3s，空间位置查询和定位时间不宜超过 5s；
2. 监督中心接收监督员上报城市管理问题信息传输和系统处理时间不宜超过 30s；
3. 监督中心向监督员发送任务，系统处理和传输时间不宜超过 10s。

系统建设过程中以及验收时，应依据《信息技术　基于计算机的软件系统的性能测量与评级》（GB/T 30975—2014）、《软件工程　软件测量过程》（GB/T 20917—2007）等标准进行性能测试，确保各项指标符合要求。

2.2.3　信息安全保障体系

系统应根据《信息安全技术　网络安全等级保护基本要求》（GB/T 22239—2019）的规定确定信息安全系统安全保护等级，建立完备的信息安全保障体系，包括信息安全的基本规定、信息安全策略、安全防范设备、安全管理规定等。信息安全保障体系依据的标准见表 2-2。

信息安全保障体系相关标准　　　　　　　　　　　　　　　　　　　　表 2-2

标准编号	标准名称
GB/T 22239—2019	信息安全技术　网络安全等级保护基本要求
GB/T 25069—2010	信息安全技术　术语
GB/T 25070—2010	信息安全技术　网络安全等级保护安全设计技术要求
GB/T 28448—2012	信息安全技术　网络安全等级保护测评要求

标准编号	标准名称
GB/T 28452—2012	信息安全技术 应用软件系统通用安全技术要求
GB/T 30998—2014	信息技术 软件安全保障规范
GB/T 31509—2015	信息安全技术 信息安全风险评估实施指南
GB/T 32914—2016	信息安全技术 信息安全服务提供方管理要求
GB/T 32923—2016	信息技术 安全技术 信息安全治理
GB/T 33132—2016	信息安全技术 信息安全风险处理实施指南
GB/T 34975—2017	信息安全技术 移动智能终端应用软件安全技术要求和测试评价方法
GB/T 34976—2017	信息安全技术 移动智能终端操作系统安全技术要求和测试评价方法
GB/T 34977—2017	信息安全技术 移动智能终端数据存储安全技术要求与测试评价方法
GB/T 34978—2017	信息安全技术 移动智能终端个人信息保护技术要求
GB/T 35274—2017	信息安全技术 大数据服务安全能力要求
GB/T 35278—2017	信息安全技术 移动终端安全保护技术要求
GB/T 35279—2017	信息安全技术 云计算安全参考架构
GB/T 35282—2017	信息安全技术 电子政务移动办公系统安全技术规范

2.3 系统功能

本节详细说明数字城管的 9 个基本子系统，并对各地在实践中拓展的主要子系统进行介绍。

2.3.1 基本子系统

1. 监管数据无线采集子系统（城管通）

监管数据无线采集子系统包括服务器端和监管信息采集设备两部分。在《数字化城市管理信息系统 第 5 部分：监管信息采集设备》（GB/T 30428.5—2017）中详细规定了信息采集设备的软硬件要求。

2. 监督中心受理子系统

监督中心受理子系统包括软电话（在计算机上运行的虚拟电话）和案件受理两部分，由监督中心工作人员使用。软电话需要配套建设呼叫中心予以支持，主要提供应答和呼出功能，实现与社会公众和监督员之间的通话，通话过程可以进行录音，便于事后追踪。案件受理模块包括社会公众举报问题登记工具、问题核实工具、监督员上报问题立案工具、问题转发工具和问题核查工具等等，也包括地图操作、查询统计和参数设置等其他辅助功能。

3. 协同工作子系统

协同工作子系统主要实现监督中心、指挥中心、专业部门和各级领导之间信息同步、协同工作和协同督办等功能，可以将信息采集、案件建立、任务派遣、任务处置、处置反馈、核查结案和综合评价等环节串联起来。在协同工作子系统中，同样可以使用地图操作、查询统计和参数设置等辅助功能模块。

4. 地理编码子系统

地理编码子系统具备了地址描述、地址查询和地址匹配等功能，为监管数据无线采集子系统、监督中心受理子系统、协同工作子系统等提供地理编码服务，并对外提供标准的地理编码查询和匹配接口。

5. 监督指挥子系统

监督指挥子系统具有整合地理空间数据和业务数据信息、实现基于地图的监督指挥功能，并能对城市管理问题发生的位置、处置过程、监督员在岗情况、处置结果、综合绩效评价等信息进行实时监控，提供给各级领导和业务人员进行现场监督指挥。

6. 综合评价子系统

综合评价子系统也称绩效评价子系统，是实现对城市管理工作中所涉及的监管区域、相关部门和岗位等的实时量化管理和绩效评价。具体的绩效评价体系及评价结果表达在《数字化城市管理信息系统 第4部分：绩效评价》（GB/T 30428.4—2016）中有明确规定。

7. 应用维护子系统

在系统应用过程中，与系统应用相关的城市管理部门、人员、管理范围、管理方法、业务流程等均可能随时发生调整变化，因此，要求系统必须具有充分的适应能力。该子系统可以快速进行机构、人员、业务流程、工作表单、地图、查询、统计、权限等应用的调整，满足系统正常运行需要。

8. 基础数据资源管理子系统

各类空间数据建设是系统建设的重要组成部分，一方面这些数据的类型和结构各不相同，另一方面这些数据在应用过程中需要不断更新和拓展。该子系统可以适应空间数据管理和数据变化要求，通过配置完成空间数据库维护和管理工作。对于采用集中式建设的数字城管系统，必须在各区分别接入系统和更新系统时，按照区域范围更新数据的实际需求。

9. 数据交换子系统

数据交换子系统能够实现与上一级数字城管系统和外部专业系统的信息交换。通过该子系统，可以完成不同信息系统之间城市管理问题、综合评价等信息的数据交换。该子系统可以提供标准化的数据对接和流程对接接口，其他专业系统接入时均需要按照接口约定进行数据交换。

2.3.2 拓展应用系统

城市管理体制改革及移动互联网、物联网、云计算、大数据、人工智能等现代信息技术的快速发展，使原来标准要求的管理模式和应用技术已经不能完全适应城市管理体制改革的需求，按照"中央37号文件"要求，围绕实现"干净、整洁、有序"城市管理目标，根据实际需求，拓展市政公用、市容环卫、园林绿化、城管执法"3+1"新城市管理体制范围乃至更宽领域的应用业务，升级数字城管的管理手段和功能应用，如建设城管执法和行业监管系统，拓展数字城管范围；实行全移动互联模式，优化工作流程，推进"扁平化"管理；采用云中心模式，运用大数据技术辅助源头治理等等，已经成为数字城管智慧化升级的方向和重点。

在市、县数字城管的建设和运行实践中，各市、区（县市）已结合自身管理要求拓展了许多应用系统，主要包括移动互联模式下为提高管理效率而拓展的移动处置系统（处置通）、移动智能管控系统（智管通）、移动执法系统（执法通）；为提高全民参与城市管理而拓展的公众监管服务系统（市民通）；应用新技术提高管理水平而拓展的视频监控和上报系统、大数据分析系统；为提高专项管理专业化水平而拓展的专项治理系统、户外广告管理系统、工地管理系统、违法建设管理系统、渣土清运管理系统、园林绿化管理系统等等。拓展系统举例说明如下：

1. 移动处置系统（处置通）

移动处置系统（处置通）是提供给专业部门处置人员使用的手持移动办公应用平台，处置人员无需再坐在电脑前等待问题派遣，而可以通过随身携带的手机使用该系统及时接收指挥中心派遣来的城市管理问题信息，在现场处置完毕后即可将处置结果反馈到监督指挥中心。

2. 移动智能管控系统（智管通）

移动智能管控系统（智管通）为各级领导提供了更加高效、简捷的办公手段。通过该系统，领导可以随时查阅问题表单信息和多媒体信息，可以对城市管理问题进行批示、督办。该系统还可以将统计报表推送给领导，让领导全面了解城市管理问题状况和各地、各专业部门处理问题的情况等宏观信息。

3. 移动执法系统（执法通）

移动执法系统（执法通）是一线城管执法人员的重要装备，具备现场教育、简易程序执法、一般程序执法、地图操作、GNSS 定位、信息查询、历史文书、系统设置、法律法规、案件查询、待办案件、系统公告等功能。执法人员使用"执法通"，即可以记录违法信息、现场拍摄和上传附件，完成城市管理综合执法各类案件的检查流程。"执法通"还可以生成文书，通过蓝牙连接便携打印机，当场打印，大大提高办案效率。

4. 公众监管服务系统（市民通）

公众监管服务系统（市民通）作为市民咨询和举报城管问题的一种渠道，通过 APP 或微信服务号、小程序等方式，与数字城管系统对接，实现了对外发布考核信息、接收市民监督举报、方便市民查询相关兴趣点以及为市民提供各类"微服务"等功能。通过该系统，市民可以参与对城市管理工作的监督、举报和考评等，推动营造"共建、共治、共享"的城市管理社会氛围，为城市管理向城市治理过渡发展奠定群众基础。

5. 视频监控和上报系统

视频监控和上报系统是整合利用城管、公安、交通、移动车载视频资源，实现城市管理问题的视频监控发现和上报的应用系统。具体包括单路和多路视频播放、云台控制、拍照、录像、视频问题信息上报等功能，支持视频探头在地图上的显示。问题信息上报模块供视频监督员使用，发现问题后可以根据摄像头的位置定位地图，进行视频截图和录像，生成问题信息予以上报。该系统建设应依据《公共安全视频监控联网系统信息传输、交换、控制技术要求》（GB/T 28181—2016）、《安防监控视频实时智能分析设备技术要求》（GB/T 30147—2013）等标准规范。

6. 大数据分析系统

大数据分析系统是应用大数据技术分析城市管理问题的工具，通过对数字城管系统所沉淀的海量数据和系统抓取的舆情数据进行综合分析，挖掘城市管理多发、频发、高发等问题的类型、区域、特点和规律，经过多维度的分析研判，为各相关部门提供源头治理的决策依据。

7. 专项治理系统

专项治理系统是借助移动采集终端和无线网络，实现对城市管理对象的专项管理、重点检查，对城市突发事件、特殊部件的地理位置和属性信息等进行专项普查，并快速生成调查和统计结果的应用系统。

8. 户外广告管理系统

户外广告管理系统是对户外广告实施全流程、全生命周期的管理，包括户外广告的本底信息、户外广告设置的规划、户外广告设施的审批、户外广告设施设置后的备案、户外广告位拍卖、户外广告监督以及针对户外广告设置主体的诚信管理等功能。

9. 工地管理系统

工地管理系统是指城市管理相关部门对辖区范围内在建工地进行监控管理的系统，主要包括：

（1）对工地的合规监管，主要是施工许可、施工范围和施工时间等方面的监管；

（2）对工地的环境监管，主要是施工扰民、临街施工、工地扬尘、工地污水等方面。通过在重点区域设置固定视频监测点、噪声监测器、扬尘监测器、污水监测器等智能设备，或采用移动便携检测设备对工地进行随机抽查，以及通过监督员的定时巡查发现和社会公众监督举报等方式，对工地扬尘污染、污水污染和噪音等工地乱象，实施全面、全过程、全时段动态管理。

10. 违法建设管理系统

违法建设管理系统主要提供城市管理中对违法建设问题的管理功能。监督员通过在责任网格内进行全天候不间断巡查监控，及时发现违法建设行为并采集上报现场信息；利用高空摄像监控设备分析违法建设频发地段；利用无人机定期巡视监管区域，通过问题位置聚类叠加分析，得到违法建设频发点位和区域以及时段频率等统计分析数据。采用上述技术手段，可以及早发现违法建设问题，及时采取执法措施，将违法建设遏制在萌芽状态。

11. 渣土清运管理系统

渣土清运管理系统能够对渣土运输车辆实施全方位的"实时监控、监督管理、指挥调度"，有效监管渣土运输企业的车辆运输线路、速度、状态等，实现对所有参与渣土运输的车辆状态记录、拍照保存和实时视频监控（需在营运车辆安装视频监控设备）。该系统可以提升渣土运输效率，解决车辆管理混乱、车辆行驶路线失控、渣土积压、清运不及时、沿路抛洒等问题。

12. 园林绿化管理系统

园林绿化管理系统可以整合城市园林绿化的空间信息数据库、城市基础建设综合应用数据库，全面、直观展示园林绿化建设的现状和规划蓝图，为实时监管城市园林绿化工作状况提供手段，为制定城市发展规划提供必要的园林绿化方面的静态和动态数据。主要功能包括：设施查询、植被查询、管理对象查询、空间信息查询、园林绿化养护规程管理、问题上报与跟踪、统计分析等等。

2.4　数据建设

本节主要介绍数据建设，包括数据普查和数据库建设。

2.4.1 数据普查

数据普查的规程、数据要求、质量要求、验收要求、图示表达和成果建库的相关标准规定见表 2-3。

数据普查相关标准 表 2-3

标准编号	标准名称
GB/T 2260—2007	中华人民共和国行政区划代码
GB/T 10114—2003	县级以下行政区划代码编制规则
GB/T 14912—2017	1∶500　1∶1000　1∶2000 外业数字测图规程
GB/T 17941—2008	数字测绘成果质量要求
GB/T 18316—2008	数字测绘成果质量检查与验收
GB/T 18317—2009	专题地图信息分类与代码
GB/T 20257.1—2017	国家基本比例尺地图图式　第1部分：1∶500　1∶1000　1∶2000 地形图图式
GB/T 20258.1—2019	基础地理信息要素数据字典　第1部分：1∶500　1∶1000　1∶2000 比例尺
GB 21139—2007	基础地理信息标准数据基本规定
GB/T 30428.1—2013	数字化城市管理信息系统　第1部分：单元网格
GB/T 30428.2—2013	数字化城市管理信息系统　第2部分：管理部件和事件
GB/T 30428.3—2016	数字化城市管理信息系统　第3部分：地理编码
CH/Z 1002—2009	可量测实景影像
CJJ/T 100—2017	城市基础地理信息系统技术标准

做好数据普查工作，首先应明确对数据建设的总体要求和技术要求；其次应明确对基础地形数据的要求，可以使用本地规划和自然资源部门的 1∶500～1∶2000 地图，以及使用一些互联网地图作为普查底图；再是按照相关标准做好各类数据普查工作。

按照《数字化城市管理信息系统　第1部分：单元网格》（GB/T 30428.1—2013）标准规定，在基础地形数据基础上正确划分单元网格。

按照《数字化城市管理信息系统　第3部分：地理编码》（GB/T 30428.3—2016）标准规定，进行地理编码数据普查。

按照《数字化城市管理信息系统　第2部分：管理部件和事件》（GB/T 30428.2—2013）标准规定，进行部件数据普查。在普查底图基础上实地进行各种部件类型及其属性信息的普查，并借助相关地物关系和简易测量工具确定部件的位置，必要时可使用专业测绘设备进行部件位置测定。对正在施工或因其他原因不能进行普查的区域，应标出范围，注明原因。部件的平面定位精度应符合表 2-4 的规定。

部件平面定位精度要求 表 2-4

序号	精度级别	中误差（m）	说明
1	A类	≤0.5	空间位置或边界明确的部件，如井盖、路灯等
2	B类	≤1.0	空间位置或边界较明确的部件，如垃圾箱、亭、户外广告等
3	C类	≤10.0	空间位置概略表达的部件，如桥梁、停车场等

在实地普查和测绘的基础上，应根据记录图表，进行数据录入和处理，分类建立部件数据文件。对获得的部件数据应进行质量检查。检查的内容应包括分类代码的正确性、属

性信息的完整性和准确性、部件的定位精度，以及作业过程文档等。

其他数据的获取，如可量测实景影像数据应按照《可量测实景影像》（CH/Z 1002—2009）执行。

数据普查建库需要具备资质的专业单位完成，对数据普查的质量检查与验收应根据现行国家标准《数字测绘成果质量检查与验收》（GB/T 18316—2008）的规定进行。为保证数据普查结果和普查过程规范、符合标准要求和实际需求，应建立基础数据普查监理机制，通过专业化监理保证数据成果符合要求。

2.4.2 数据库建设

数据库建设包括元数据、地理空间数据库、系统运行支撑数据库和业务数据库四部分。元数据建设内容详见本书"3.1.1 技术规范"。

1. 地理空间数据库

地理空间数据库建设应依据《数字化城市管理信息系统　第 6 部分：验收》（GB/T 30428.6—2017）中"5.2 地理空间数据"的相关规定进行，具体包括地理空间框架数据、单元网格数据、部件数据以及地理编码数据。地理空间数据库的建设，应本着"共享地理信息成果、建设数字城管系统"的原则进行。

（1）地理空间框架数据

地理空间框架数据应能为系统的运行提供统一的地理空间公共数据，为单元网格划分、部件和地理编码数据普查等提供工作基础，并应为监管问题定位提供空间位置参照。

地理空间框架数据的内容应包含行政区划、道路、建（构）筑物、水体、绿地和地名等等，宜包含地址、数字正射影像数据。

行政区划代码应依据《中华人民共和国行政区划代码》（GB/T 2260—2007）、《县级以下行政区划代码编制规则》（GB/T 10114—2003）执行。

行政区划、道路、建（构）筑物、水体、绿地数据应采用矢量数据，其位置信息应符合表 2-5 的规定。行政区划、道路、水体和绿地数据的基本属性信息应符合表 2-5 的规定；建（构）筑物数据的基本属性信息宜符合表 2-5 的规定。应基于 1：500～1：2000 比例尺城市基础地理信息数据进行加工处理，必要时应进行实地调查和修测。

行政区划、道路、建（构）筑物、水体和绿地数据要求　　　　　表 2-5

数据种类	矢量形式	位置信息	基本属性信息
行政区划	面	行政区划边界	行政区划名称；行政区划等级
道路	面或线	道路边线组成的闭合多边形或道路中心线	道路名称
建（构）筑物	面	建（构）筑物边界	建（构）筑物名称；门牌地址
水体	面	水体边界	水体名称
绿地	面	绿地边界	绿地名称

地名和地址数据应包括行政区划名称、街巷名称、地片和区片名称、标志物品以及门牌地址等的位置信息和基本属性信息。位置信息宜使用地名和地址所代表实体的中心点坐标描述。基本属性信息应包括地名和地址的名称及分类，宜从城市地名数据库或基础地理信息数据库中提取，必要时应进行实地调查。

地理空间框架数据宜与所在城市的公共地理信息平台实行共享。有条件的城市，其地理空间框架数据可与地面近景影像数据结合使用。数字正射影像数据空间分辨率宜为0.1m～0.5m；平面位置中误差不宜大于2.5m；影像应纹理清晰，反差适中，色调均匀，无重影和漏洞。

（2）单元网格数据

单元网格是数字城管的基本管理单元。应根据《数字化城市管理信息系统　第1部分：单元网格》（GB/T 30428.1—2013）要求，结合城市地理空间特点划分单元网格。单元网格的多边形顶点应利用城市1∶500～1∶2000比例尺基础地理信息数据、地理空间框架数据或地形图结合实地调查获得，其点位中误差不应大于1.0m。单元网格的划分原则和要求详见本书"3.1.2　单元网格"。

在划分单元网格的基础上，划分责任网格。责任网格是指在单元网格基础上建立的城市管理监督责任区域，是城市管理信息采集监督员的基本工作区域。责任网格一般以划分的单元网格为基础，由相邻或相近的几个单元网格合并为一个责任网格，其划分时应考虑实际地理范围和方便监管责任人工作等因素。

（3）管理部件和事件数据

管理部件和事件数据包括空间和属性数据。各地应按照《数字城管信息系统　第2部分：管理部件与事件》（GB/T 30428.2—2013）的规定，进行部件和事件的分类及编码，同时根据当地实际情况对类型及其属性项进行扩展和删减。

事件数据应基于单元网格编号、地理编码数据等进行空间定位，并应确定其类型代码和相关属性数据。

（4）地理编码数据

地理编码数据库以点、线、面方式表现城市地理实体。通过地理编码实现地址空间的相对定位，可以使城市中的各种数据资源通过地址信息反映到空间位置上来，提高空间信息的可读性，在各种空间范围行政区内实现信息的整合。通过地理编码技术对城市部件进行分类分项管理，建立管理对象与空间地理数据的相应位置关系，推动城市管理实现由盲目到精确、由人工管理到信息化管理的重要转变，助推管理质量与效率进一步提升。

地理编码数据的基本要求及表达方式应符合《数字化城市管理信息系统　第3部分：地理编码》（GB/T 30428.3—2016）的规定。地理编码数据的密度宜为每5m～10m一条记录，其他点的空间位置精度宜与地理空间框架数据一致。地理编码数据可与地理空间框架数据中建（构）筑物数据的门牌地址信息及地名和地址数据同时使用。当地名、地址数据能够满足或部分满足要求时，可不单独采集或少采集地理编码数据。

（5）专题数据

专题数据是城市管理相关行业的基础数据和运行数据。各地可以在部件事件数据库基础上拓展建设市政公用、市容环卫、园林绿化和城管执法等行业专题数据库，实现资源集约化利用。同时实现与数字城管系统基础数据库的互联互通和数据交换，通过专题数据库实现与其他业务级应用数据库的互联互通、数据共享与交换，为跨行业、跨部门的大数据分析奠定基础。

（6）三维数据

三维数据包括三维建模数据和三维实景影像数据。建模数据的精细程度根据应用需要和财政预算确定。实景影像数据需要定期更新以保证现势性。

2. 系统运行支撑数据库

系统运行支撑数据库主要包含支撑系统运行的基础数据和配置信息，具体包括如下内容：

（1）组织机构数据：机构、岗位、人员；

（2）业务配置数据：工作表单定义、文号定义、数据字典定义；

（3）业务流程配置数据：流程定义、计时设置、工作日历设置；

（4）查询统计配置数据；

（5）地图相关配置数据：物理图层配置、逻辑图层配置、专题图层配置、地图要素编码定义、地图使用配置、地图查询定义。

运行支撑数据通过应用维护子系统和基础数据资源管理子系统配置生成。

3. 业务数据库

业务数据库包括如下内容：

（1）案件数据：监督员上报、社会公众举报的案件信息、问题分类信息、问题描述、事发位置描述、所属街道/社区/单元网格、举报人联系信息等；

（2）工作过程数据：监督员核实和核查、案件、流转、督办、作废、延期、缓办等；

（3）绩效评价结果数据；

（4）多媒体数据：监督员上报的照片和录音、视频监控的录像、事发位置图。

2.5　运行环境

本节主要介绍系统运行环境所包括的一般规定、传统自建机房运行环境、云计算中心运行环境、网络、显示设备、呼叫中心、操作系统、数据库管理系统及 GIS 平台软件系统等内容。运行环境建设遵循的相关标准见表 2-6。

运行环境相关标准　　　　　　　　　　　　　　　　表 2-6

标准编号	标准名称
GB/T 2887—2011	计算机场地通用规范
GB/T 9361—2011	计算机场地安全要求
GB/T 14394—2008	计算机软件可靠性和可维护性管理
GB/T 21061—2007	国家电子政务网络技术和运行管理规范
GB/T 22239—2019	信息安全技术　网络安全等级保护基本要求
GB/T 30428.5—2017	数字化城市管理信息系统　第5部分：监管信息采集设备
GB 50174—2017	数据中心设计规范

2.5.1　一般规定

运行环境是指支撑数字城管系统运行的软件、硬件和网络等设施。

《计算机软件可靠性和可维护性管理》（GB/T 14394—2008）标准对系统可靠性和可维护性进行了具体规定，数字城管标准也对运行环境的主要技术要求进行了规定，目的是保障系统可用率达到 99.99% 以上。

系统可用率计算公式：

系统可用率 =（统计时段内的应正常服务时间 - 统计时段内的计划停机时间 -
统计时段内的服务异常中断时间）/ 统计时段内的应正常服务时间

系统可用率越高，意味着需要投入的软硬件资源越多。数据库方面可以采用多种建设方案提高可用性：Oracle 可以采用 RAC 或双机热备，MySQL 可以采用一主多从读写分离或多主方案。应用服务器可以采用硬件负载均衡设备或者负载均衡软件实现高可用性。

在满足系统基本运行需求和实现安全保障的基础上，各地可根据实际情况选择适当的设备配置。从系统运行维护管理、信息共享和节约资源的角度看，同一个城市内，市和区（县市）系统宜使用统一的软硬件平台。

2.5.2 传统自建机房运行环境

1. 机房

数字城管系统机房建设应遵守国家现行标准规定，包括《数据中心设计规范》（GB 50174—2017）、《计算机场地通用规范》（GB/T 2887—2011）、《计算机场地安全要求》（GB/T 9361—2011）等。消防系统建设及验收除遵守国家现行标准外，还应符合地方消防主管部门的相关规定。由于机房的供电系统直接关系到系统的稳定性，且对系统运行、数据安全和完整性等有重要影响，因此要求机房应配备较高性能的不间断电源设备，以确保系统在非正常运行条件或故障突发情况下，能够有足够的时间对系统故障进行维护。

2. 服务器

服务器是运行环境中的主要组成部分，分为数据库服务器、应用服务器、备份服务器和杀毒服务器等。服务器应能满足系统数据存储、安全性和数据吞吐等要求。各地可根据实际系统用户数量和数据量等确定服务器数量和配置。

应建立日常管理维护机制，保证服务器可靠运行。建议安装系统运行监控软件，随时对服务器运行的健康状态进行检查，并具备通过邮件、短信、微信/QQ 等方式进行实时报警提醒的功能。

3. 存储及备份设备

数字城管系统以数据为中心，因此系统的存储和备份设备十分重要。存储设备应采用可伸缩的网络拓扑结构，通过具有高传输速率的连接方式，具备较高的节点扩充性和传输速率，同时应避免一些常见的网络瓶颈。各地可按照实际需求，制定存储备份管理机制，如对备份结果进行验证，并对备份存储介质进行标识等。在系统出现意外损害时，应能快速及时地使用备份对系统和数据予以恢复。有条件的城市，应该采用异地备份方案，以防止服务器中毒时，因生产数据库和备份服务器都同时遭到攻击而影响系统正常运行。

2.5.3 云计算中心运行环境

云计算中心运行环境包括弹性计算服务器、数据库资源、云存储、负载均衡等。其中，云存储是一种新兴的网络存储技术，是指通过集群应用、网络技术或分布式文件系统等功能，将网络中大量各种不同类型的存储设备通过应用软件集合起来协同工作，共同对外提供数据存储和业务访问功能的系统。云存储可以用于监督员上报照片的存储。

随着云计算技术的发展和云计算中心的普及，许多城市在建设数字城管系统时，不再采购服务器、网络设备、安全设备等进行机房建设，而选择在云计算中心租用（付费或免费）服务器方式，以减少一次性建设投资，降低日常维护和软硬件更新换代成本。

2.5.4　网络

国家电子政务网由政务内网、政务专网、政务外网组成，国家标准《国家电子政务网络技术和运行管理规范》（GB/T 21061—2007）对其建设及运行等相关问题作出了明确规定。政务内网是涉密的党政机关办公业务网络，与互联网物理隔离，在满足工作需求的前提下，覆盖范围尽可能少，对上与国家电子政务内网互联。政务专网是党政机关的非涉密内部办公网，主要用于机关非涉密公文、信息的传递和业务流转，它与外网之间通过网闸，仅以数据"摆渡"方式交换信息，实现公共服务与内部业务流转的衔接。政务外网是政府对外服务的业务专网，与互联网通过防火墙逻辑隔离，主要用于机关部门访问互联网、发布政府公开信息、受理与反馈公众请求和运行安全级别不需要在政务专网运营的业务。

数字城管系统的主体部分在政务专网上运行，应在已有或新建网络基础上，建立一个覆盖所有涉及城市管理业务的相关部门并满足数据传输要求的网络环境，实现所有使用数字城管系统的部门之间的互联互通。网络建设应遵守国家现行标准规定，有条件的城市可以根据实际需求采用更高的配置。

监督中心和监督员通过"城管通"进行的数据传输主要依靠无线通信网络，因此需要建立监督中心与无线通信网络的互联。互联的方式分为通过 APN 专线接入、通过 VPN 接入和通过互联网接入三种。通过互联网接入时，需要在政务外网部署"城管通"服务端。

数字城管系统拓展的对外进行公布和接收市民咨询及举报的门户网站、社会公众监管服务系统则在政务外网上运行。

根据运行网络的不同，需要采用不同保密级别的地图数据。运行在政务外网的系统可以使用天地图数据。国家地理信息公共服务平台提供的地图数据包括公众版、政务版、涉密版三个版本，天地图数据系公众版成果。数字城管的部件数据若放在政务外网运行时，则需要进行脱密处理。

网络环境的具体要求如下：

1. 监督中心应实现与无线网络的互联，网络带宽不宜低于 2Mbps。无论是当前的 4G 网络，还是即将来临的 5G 网络时代，都使无线网络具备了足够的带宽资源，监督员不仅可以上报高清视频问题信息，还能够上报短视频数据。车载采集设备获取的高清视频数据也可以通过无线网络进行传输。

2. 监督中心、指挥中心和专业部门之间应实现网络互联，网络带宽不应低于 2Mbps。有线网络带宽要求应与无线网络带宽相匹配。有效传输、接收和受理高分辨率照片及高清视频数据，需要配置更高的网络带宽。

3. 网络交换应采用多层结构。

4. 应建立网络管理制度和网络运行保障支持体系。

一个典型的系统网络拓扑图示例见图 2-4。

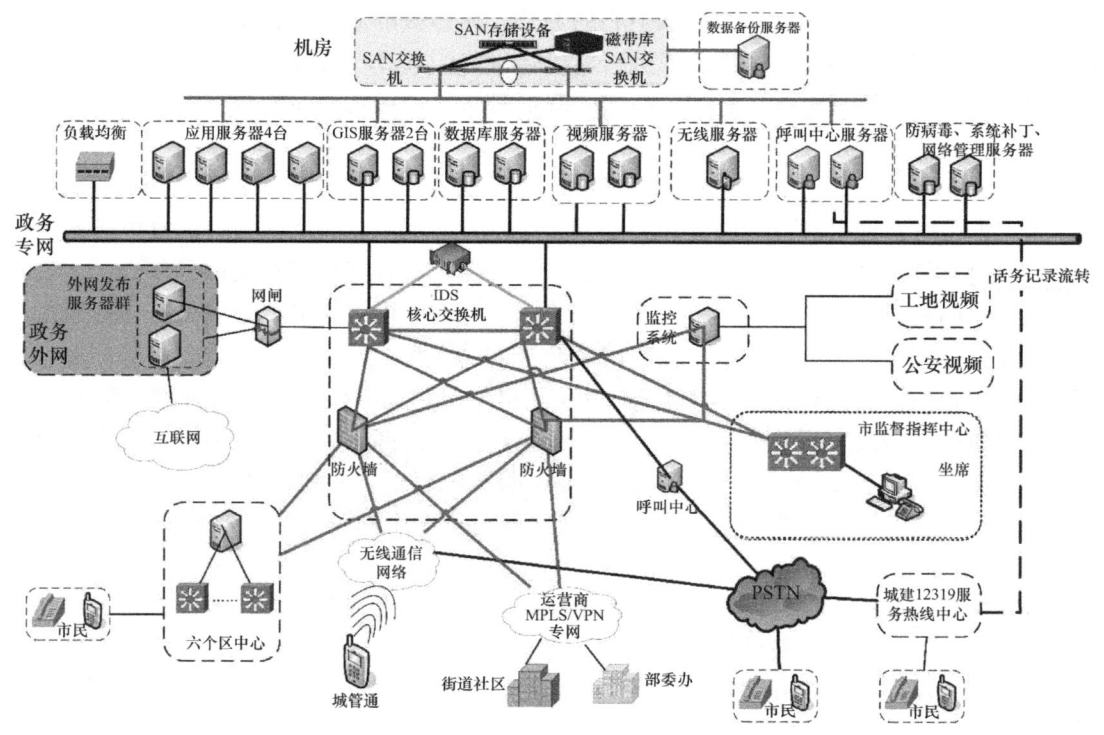

图 2-4　系统网络拓扑图

2.5.5　显示设备

显示设备特指监督指挥子系统展示所用的显示设备。显示设备可以是一块或多块组合的显示屏（俗称大屏幕）、一台或多台组合的显示器（监视器或电视机）、一台或多台组合的投影仪，也可以是一台或多台组合的计算机终端。各地可以根据实际需要和经济条件进行适当选择。也可以考虑与城市应急指挥系统大屏幕显示设备共享使用。

显示设备的屏幕分辨率不应低于 1024×768 像素。显示设备若采用大屏幕，则还应符合下列规定：

1. 屏幕对比率不应低于 600∶1；

2. 屏幕亮度不应低于 1000cd/m²；

3. 水平视角不应低于 150°，垂直视角不应低于 60°。

2.5.6　呼叫中心

呼叫中心应具有基本坐席功能和特殊坐席功能。呼叫中心的特殊坐席功能主要是向社会公众提供更好的语音服务，并且具备方便的管理功能。具体功能说明如下：

1. 基本坐席功能应包括应答、保持、转接、呼出、咨询、会议等基本操作功能，并可以实时显示主叫号码；

2. 特殊坐席功能可包括话务质检、监听、协议跟踪、全程录音、放音、内部呼叫、强制插入、强制拆除、强制签出、强制示忙、强制示闲、拦截、服务指标统计等。

呼叫中心建设可结合本地实际情况确定经济实用的配置。

根据中华人民共和国信息产业部〔2002〕422 号文件精神，在建设数字城管系统时，其呼叫中心应使用统一专用号码"12319"城市管理服务热线。同时在使用该号码时，需遵守信息产业主管部门和地方通信管理部门有关号码资源管理规定，不得擅自转让、出租该专用号码或改变号码用途。在实际建设过程中，"12319"城市管理服务热线宜与"12345"政府服务热线等其他热线进行整合。

2.5.7　操作系统

数字城管系统服务器（采用云计算中心运行环境无需单独采购服务器）和终端所使用的操作系统，应采用目前主流的商用操作系统，以保证系统的兼容性、可靠性和稳定性。建议采用 Linux 系统作为服务器的操作系统，可以提高系统运行稳定性，降低中病毒的风险。

"城管通"手机上的操作系统应符合《数字化城市管理信息系统　第 5 部分：监管信息采集设备》（GB/T 30428.5—2017）的规定。

2.5.8　数据库管理系统及 GIS 平台软件系统

数字城管系统中的数据需要通过数据库管理系统来进行管理。主流数据库管理系统有 Oracle、MySQL、SQL、Server 等。

使用云计算中心时，既可以自己单独安装数据库，也可以租用云计算中心的数据库资源。

GIS 平台软件是数字城管系统的重要基础软件平台之一，它承担着海量空间数据的应用和管理工作，需要具备充足的空间数据管理、更新和服务能力，保证图文一体化的数字城管系统正常运转。主流 GIS 平台软件有 ArcGIS、MapGIS、SuperMap、PostGIS 等。

经济条件允许的城市，还可以采购三维地理信息系统软件，购买三维建模数据，以利于更好地对数据进行可视化展现及应用。

2.5.9　安全保障措施

安全保障措施包括保护网络安全、保护应用安全和保护系统安全三个方面。

1. 保护网络安全

保护网络安全是为了保护各方网络端系统之间通信过程的安全性，包括保证机密性、完整性、认证性和访问控制性等方面。保护网络安全的主要措施如下：

（1）全面规划网络平台的安全策略；

（2）制定网络安全的管理措施；

（3）使用防火墙；

（4）尽可能记录网络上的一切活动；

（5）注意对网络设备的物理保护；

（6）检验网络平台系统的脆弱性；

（7）建立可靠的识别和鉴别机制；

（8）对于可疑的恶意程序要定时清除和查杀。

2. 保护应用安全

保护应用安全主要是针对特定应用（如应用服务器、数据库服务器）所建立的安全防护措施。虽然一些措施是网络安全业务的一种替代或重叠，但许多应用还有自己的特定安全要求。保护应用安全的主要措施如下：

（1）用户身份统一认证；

（2）用户访问授权控制和行为审计；

（3）关键数据加密；

（4）关键数据冗余存储。

3. 保护系统安全

保护系统安全是指从系统整体角度进行安全防护，与网络系统硬件平台、操作系统、各种应用软件等互相关联。保护系统安全的主要措施如下：

（1）在安装的软件中，如浏览器软件等，应检查和确认未知的安全漏洞；

（2）技术与管理相结合，使系统具有最小穿透风险性，如通过 CA 证书认证才允许连通，对所有接入数据必须进行审计，对系统用户进行严格安全管理；

（3）建立详细的安全审计日志，以便检测并跟踪入侵攻击等。

第3章 关键标准解析

本章按照数字城管设计与实施、验收和运行的三个阶段，从标准内容和标准应用要点两个方面对现行的9项数字城管关键标准进行解析。9项标准基本贯穿于数字城管系统建设运行的全生命周期，各项标准在系统建设运行的不同阶段交叉使用（见图3-1）。9项标准之间关联密切，相互协调，形成了有机整体，规范了数字城管建设及运行中的组织模式和闭环业务流程、系统开发、数据建设、模式验收、系统运行、维护、管理和评价等活动，共同支撑数字城管节约建设、高效运行并保障其健康可持续发展。

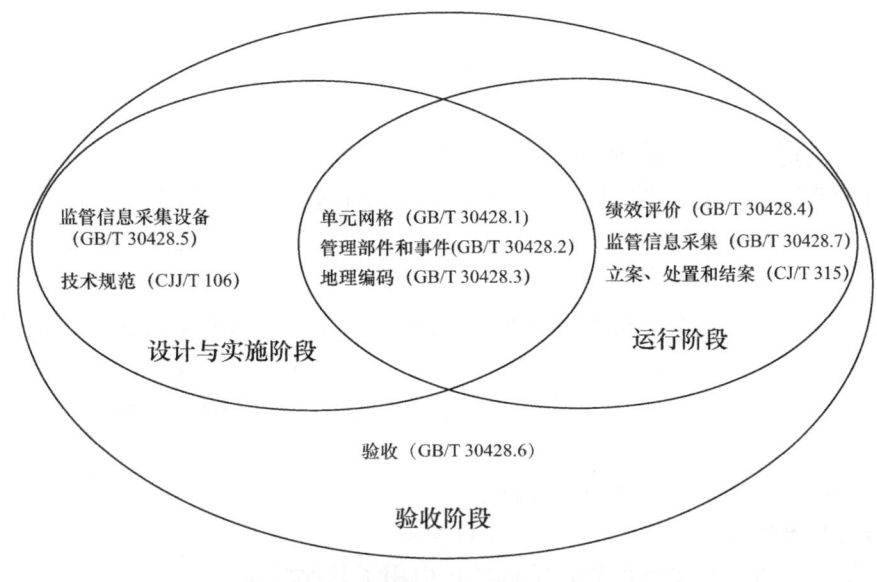

图 3-1 数字城管各阶段标准应用关系

在现有国家标准、行业标准的原则框架内，有条件的城市可根据需要和标准的扩展要求编制和执行地方标准，并根据国家标准、行业标准修订情况对地方标准进行及时修订。

在系统设计、开发以及基础数据建设时，还应收集并执行其他相关国家标准、行业标准，如信息行业标准、空间数据标准等，还应执行相应地方标准。

3.1 设计与实施标准

数字城管设计与实施阶段标准，分别为《城市市政综合监管信息系统技术规范》（CJJ/T 106—2010）、《数字化城市管理信息系统　第1部分：单元网格》（GB/T 30428.1—2013）、

《数字化城市管理信息系统　第2部分：管理部件与事件》（GB/T 30428.2—2013）、《数字化城市管理信息系统　第3部分：地理编码》（GB/T 30428.3—2016）、《数字化城市管理信息系统　第5部分：监管信息采集设备》（GB/T 30428.5—2017）。

系统设计与实施标准也是基础标准，覆盖数字城管设计与实施的全生命周期。

3.1.1 《城市市政综合监管信息系统技术规范》（CJJ/T 106—2010）

该标准提出了数字城管的总体设计框架和技术性要求，适用于数字城管的规划、实施、运行、维护和管理。标准中3.1.2　组织模式和7.2　系统验收规定，已被《数字化城市管理信息系统　第6部分：验收》（GB/T 30428.6—2017）所替代，详见"3.2　验收标准"。

数字城管的管理模式、业务流程、系统架构、系统功能和运行环境的有关定义和技术要求是数字城管总体设计的核心，也是数字城管有效运行的关键，在本书第2章中已有完整说明，本节不再赘述。

1. 标准内容

该标准规定了系统建设与运行模式、数据内容和数据传输要求、系统功能与性能、系统运行环境、系统建设与验收、系统运行维护等要求。

该标准首次提出了城市管理闭环业务流程。

该标准明确数字城管系统应包含监管数据无线采集、监督受理、协同工作、监督指挥、综合评价、地理编码、应用维护、基础数据资源管理和数据交换等9个基本子系统，并逐一规定了各子系统应具备的基本功能。

该标准明确地理空间数据应包含地理空间框架数据、单元网格数据、部件和事件数据、地理编码数据以及元数据等。对机房、网络、服务器、显示设备、存储及备份设备、呼叫中心、操作系统、数据库及地理信息系统平台软件等系统运行环境，以及系统维护做出了规定。

《城市市政综合监管信息系统技术规范》（CJJ/T 106—2010），于2010年12月由住房和城乡建设部批准发布，自2011年2月1日实施。

除引用数字城管的相关标准外，该标准还引用了其他标准：

《数据中心设计规范》（GB 50174—2017）；

《计算机场地通用规范》（GB/T 2887—2011）；

《计算机场地安全要求》（GB/T 9361—2011）；

《城市基础地理信息系统技术规范》（CJJ/T 100—2017）。

2. 标准应用要点

数字城管的总体设计框架和技术要求已在本书"2.2　系统架构"中详细阐述，下面仅对本标准的应用要点做补充说明。

（1）本标准与其他数字城管标准的关系

《城市市政综合监管信息系统技术规范》（CJJ/T 106—2010）是指导数字城管建设的基础标准，是系统架构和组织模式设计依据的主要标准，也是验收所依据的重要标准。系统设计时可参考的标准为《数字化城市管理信息系统　第6部分：验收》（GB/T 30428.6—2017），详见"3.2　验收标准"的说明。系统运行可参考的标准有：《数字化城

市管理信息系统 第 7 部分：监管信息采集》（GB/T 30428.7—2017）、《城市市政综合监管信息系统 监管案件立案、处置与结案》（CJ/T 315—2009）、《数字化城市管理信息系统 第 4 部分：绩效评价》（GB/T 30428.4—2016）。对此 3 项标准的解析参见"3.3 运行标准"。

（2）确定建设目标、组织模式和运行机制

确定建设目标、组织模式和运行机制是系统建设的基础，也是总体框架设计的依据。数字城管建设初期需明确建设目标，并根据建设目标和《城市市政综合监管信息系统技术规范》（CJJ/T 106—2010）确立组织模式和运行机制，开展系统软硬件设计、业务流程设计、功能设计、数据库设计等工作，同时提出数字城管基础数据的要求并进行基础数据的采集普查、整理加工、验收和入库等工作。

（3）确定管理对象、管理边界以及管理对象位置

框定管理对象、划清管理边界是系统业务流程设计和功能设计的前提，确定管理对象位置等相关信息是实现管理精细化的基础，因此应依据《数字化城市管理信息系统 第 1 部分：单元网格》（GB/T 30428.1—2013）、《数字化城市管理信息系统 第 2 部分：管理部件与事件》（GB/T 30428.2—2013）、《数字化城市管理信息系统 第 3 部分：地理编码》（GB/T 30428.3—2016）等标准提出基础数据的采集和验收要求。监管信息采集设备的选型要依据《数字化城市管理信息系统 第 5 部分：监管信息采集设备》（GB/T 30428.5—2017）标准，这些标准及应用将在本节逐一解析。

（4）编制管理规范相关文件

数字城管建设初期需编制并颁布《数字化城市管理部件和事件管理规范》、《数字化城市管理监督指挥手册》，这些文件集成了数字城管的管理对象（部件和事件）、监管要求（立案和处置）、管理责任主体和相关法律法规依据等信息，这些信息将随着数字城管的建设发展不断调整完善，是保障数字城管监督管理及运行维护的重要文件。

（5）搞好建设及运维资金保障

应建立数字城管建设及运维资金保障机制，包括系统平台建设资金、系统运行资金（信息采集资金、疑难问题处置兜底资金、系统建设合同约定的预算维保资金等）、系统平台硬件更新、软件升级资金，以及其他平台运行所必需的相关资金。通过建立长效工作机制，在资源供给侧支持数字城管高效建设和健康运行。

3. 关于数据建设

《城市市政综合监管信息系统技术规范》（CJJ/T 106—2010）中各项系统功能及性能要求已在本书第 2 章给出了详细说明，本节仅对数据建设部分相关内容进行简要阐述。

数据建设是数字城管建设的一个重要组成部分，有序进行数据建设不仅能确保数据质量满足数字城管的运行要求，还能影响系统建设的周期和费用。

数据建设一般包括数据要求、数据采集、数据验收、数据建库、数据更新和维护等。根据《城市市政综合监管信息系统技术规范》（CJJ/T 106—2010）要求，数字城管系统建设过程中应建设基础数据库以支撑数字城管系统正常运行。目前支撑系统运行的地理空间数据基本包括地理底图数据、行政区划数据、单元网格数据、部件和事件数据、地理编码数据、专题数据以及元数据 7 类。地理空间数据的采集、验收与更新维护依据的标准见表 3-1。

地理空间数据采集、更新与验收相关标准　　　　　　　　　　表 3-1

标准编号	标准名称
GB/T 2260—2007	中华人民共和国行政区划代码
GB/T 10114—2003	县级以下行政区划代码编码规则
GB/T 14912—2017	1∶500　1∶1000　1∶2000 外业数字测图规程
GB/T 18316—2008	数字测绘成果质量检查与验收
GB/T 18317—2009	专题地图信息分类与代码
GB/T 19710—2005	地理信息　数据
GB/T 19710.2—2016	地理信息　元数据　第2部分：影像和格网数据扩展
GB/T 20257.1—2017	国家基本比例尺地图图式　第1部分：1∶500　1∶1000　1∶2000 地形图图式
GB 21139—2007	基础地理信息标准数据基本规定
GB/T 30428.1—2013	数字化城市管理信息系统　第1部分：单元网格
GB/T 30428.2—2013	数字化城市管理信息系统　第2部分：管理部件和事件
GB/T 30428.3—2016	数字化城市管理信息系统　第3部分：地理编码
CH/T 1027—2012	数字正射影像图质量检验技术规程
CH/T 9015—2012	三维地理信息模型数据产品规范
CH/T 9016—2012	三维地理信息模型生产规范
CH/T 9017—2012	三维地理信息模型数据库规范
CH/T 9024—2014	三维地理信息模型数据产品质量检查与验收
CJJ/T 8—2011	城市测量规范
CJJ/T 100—2017	城市基础地理信息系统技术规范
CJJ/T 103—2013	城市地理空间框架数据标准
CJJ/T 106—2010	城市市政综合监管信息系统技术规范
CJJ/T 144—2010	城市地理空间信息共享与服务元数据标准
CJJ/T 151—2010	城市遥感信息应用技术规范
CJJ/T 157—2010	城市三维建模技术规范

下面简要介绍 7 类基础数据的采集、验收、建库和更新维护要点。

（1）地理底图数据

地理底图数据又称基础底图或地理基础底图，是专题内容在地图上定向定位的地理骨架，可用于编绘专题地图。数字城管中的地理底图数据是支撑部件、事件及其相关业务运行的地图基础。

地理底图数据一般可以是矢量数据、正射影像数据或者三维模型数据等。传统的地理底图数据一般为矢量数据，矢量数据信息量丰富、方便管理，但采集周期略长；正射影像数据相对直观，可采用无人机、航空摄影和卫星影像等多种方式获取，采集周期较短，但通常需要附加一些矢量信息使用；三维数据是一种新的数据表现形式，相比影像数据更加直观，但由于数据采集和组织形式多样，在数据质量控制和数据的整合使用等方面还有待探索和完善。

地理底图的矢量数据一般包含建筑、道路交通、水系、界线、地名等基本要素，可以根据各级数字城管系统运行具体要求，利用 1∶500～1∶2000 比例尺基础地理空间数据进行提取和再加工。基础地理信息数据是法定数据，应符合《基础地理信息标准数据基本规定》（GB 21139—2007）标准的要求。

矢量数据的内容和质量要求可参照《城市地理空间框架数据标准》（CJJ/T 103—2013）执行，生产加工过程可依据《城市测量规范》（CJJ/T 8—2011）标准执行，数据成果质量检查与验收可参照《数字测绘成果质量检查与验收》（GB/T 18316—2008）标准执行。其中《数字测绘成果质量检查与验收》（GB/T 18316—2008）标准规定了基础地理信息数字测绘成果（数字线划图、数字高程模型、数字正射影像图、数字栅格地图）检查验收与质量评定的要求、内容和方法，适用于基础地理信息数字测绘成果的过程检查、最终检查及验收。对数据生产和质量控制有指导作用。数字城管数据建设中的地理底图数据可参照该标准对数据采集和验收进行全过程控制。

正射影像数据主要用于大区域展示、违法建设和焚烧秸秆等情形的监控，利用航空摄影方式获取的正射影像图基本能够满足系统展示要求，也可采用高分辨率卫星影像代替航摄影像。正射影像数据的获取、加工处理等过程可以参照《城市遥感信息应用技术规范》（CJJ/T 151—2010）标准，数据质量检查验收可参照《数字正射影像图质量检验技术规程》（CH/T 1027—2012）标准。有条件的城市可以使用三维模型数据作为系统运行底图，三维模型数据是对城市现状更加逼真的模拟和展示，有利于更加准确、直观地展示城市管理现状、案件发生位置及周边环境等，该类数据的采集加工和建库工作可参照《城市三维建模技术规范》（CJJ/T 157—2010）、《三维地理信息模型数据产品规范》（CH/T 9015—2012）、《三维地理信息模型生产规范》（CH/T 9016—2012）和《三维地理信息模型数据库规范》（CH/T 9017—2012）标准，数据成果质量检查与验收可参照《三维地理信息模型数据产品质量检查与验收》（CH/T 9024—2014）标准执行。

（2）行政区划数据

根据系统使用对象不同，行政区划数据可以包括省、市、区（县市）、街道（乡镇）、社区（村）等行政区划界线数据，并赋予各级行政区划名称、代码等属性信息，必要时应对管辖区域界线具体位置、走向等进行文字描述，并作为数据成果的组成部分，便于系统运行过程中案件的派发和考核评价，各级行政区划划分及编码可依据《中华人民共和国行政区划代码》（GB/T 2260—2007）标准和《县级以下行政区划代码编码规则》（GB/T 10114—2003）标准执行。

（3）单元网格数据

单元网格是数字城管进行精细化管理的最小管理单元，作为一级管理责任区域，标准要求单元网格数据必须进行拓扑处理，使相邻网格之间无缝隙、不重叠，确保城市管理案件责任区域界限清晰明确。单元网格数据的划分、编码、属性信息等要求应符合《数字化城市管理信息系统　第1部分：单元网格》（GB/T 30428.1—2013）的规定，数据成果质量检查与验收，可参照《数字测绘成果质量检查与验收》（GB/T 18316—2008）标准执行。

（4）部件和事件数据

《数字化城市管理信息系统　第2部分：管理部件和事件》（GB/T 30428.2—2013）标准，对管理部件和事件的分类、编码、属性等要求做了详细规定，在数据采集加工建库过程中，部件数据主要采用普查和测绘手段获取与加工处理，其数据质量除满足《数字化城市管理信息系统　第2部分：管理部件和事件》（GB/T 30428.2—2013）标准要求外，还应对部件普查成果数据进行分批次验收，验收方法、批次以及评判标准可参照《数字测绘成果质量检查与验收》（GB/T 18316—2008）标准执行。事件数据主要由地方政府或由其委托的相关部门，依据《数字化城市管理信息系统　第 2 部分：管理部件和事件》（GB/T 30428.2—2013）标准规定的事件类别，逐一界定落实相关责任主体的管理事权。该数据应基于单元网格和地理编码数据进行空间定位，并确定其所属类型及相关属性信息等，形成城市管理问题的事件数据，事件数据的质量主要在上报数据的有效率上得以体现。

（5）地理编码数据

地理编码数据是监督员日常上报案件时进行位置描述的重要依据，地理编码数据应包括位置信息和属性信息，各类地理编码数据的编码规则、表达方式以及数据质量应符合《数字化城市管理信息系统　第 3 部分：地理编码》（GB/T 30428.3—2016）标准的要求，地理编码数据宜以 1：500～1：2000 比例尺城市基础地理信息数据为底图进行实地调查，必要时可使用专业测绘设备进行位置测定。地理编码数据成果质量除满足《数字化城市管理信息系统　第 3 部分：地理编码》（GB/T 30428.3—2016）标准的要求外，还应参照《数字测绘成果质量检查与验收》（GB/T 18316—2008）标准分批次对数据成果质量进行检查验收。

（6）专题数据

数字城管系统中的专题数据，主要指为了加强对行业管理部门的监管，或者开展某项重点工作（比如创建文明城区、进行专项治理等）而加工制作的专题图层数据。专题信息分类可参照《专题地图信息分类与代码》（GB/T 18317—2009）编制执行；数据加工生产要求主要依据对各行业管理部门的监管标准和专项工作开展需要；数据成果质量主要体现在责任范围、权属信息和管控标准的准确性；成果质量检查可以依据《数字测绘成果质量检查与验收》（GB/T 18316—2008）标准执行，必要时可以适当提高数据质量的合格标准，以提高责任范围界限及权属信息的准确性。

（7）元数据

元数据是说明数据的数据，包含标识、质量、空间和时间模式、数据分发等特征描述信息，在海量信息不断涌现时尤其重要。元数据对于数据的管理与共享具有重要作用，为保证元数据的质量和可用性，元数据应由数据所有者在数据采集、处理和更新的同时建立并予以维护。不同种类数据的核心元数据具有差异性。表 3-2 是城市地理空间信息核心元数据的内容及示例。

城市地理空间信息核心元数据及示例　　　　　　　　　　　　　表 3-2

所在元数据子集	元数据元素	数字正射影像元数据示例
MD_标识	数据集名称	××市 1：2000 数字正射影像图（DOM）
	数据集生产日期	2008-06-18
	数据集摘要	该数据集包括××市 A 区域 100 平方公里范围 1：2000 数字正射影像图（DOM），利用的影像数据源为 2008 年 5 月数字航摄影像。该数据集是××市基础地理信息数据产品的组成部分，可广泛应用于城市规划、建设、管理和服务的各个领域
	格式名称	GeoTiff
	格式版本	
	空间表示类型	影像

续表

所在元数据子集	元数据元素	数字正射影像元数据示例
MD_标识	地面分辨率	0.2m
	数据集专题类型	城市测绘
	坐标度量单位	米
	西边横坐标	××××××
	东边横坐标	××××××
	南边纵坐标	××××××
	北边纵坐标	××××××
	地理坐标类型	平面直角坐标
	高程最小值	50
	高程最大值	62
	高程度量单位	米
	数据集起始时间	(摄影时间)
	数据集终止时间	
	负责单位名称	
	负责单位电话	
	负责单位地址	
	安全限制等级	保密
DQ_质量	数据质量说明	(验收报告有关信息)
MD_维护	维护和更新频率	
MD_参照系	坐标参照系	CGCS 2000/3 度带高斯投影
	高程参照系	1985 年国家高程基准
MD_分发	在线资源	
MD_元数据	元数据文件标识	
	元数据创建日期	
	元数据标准名称	
	元数据标准版本	
	联系单位名称	
	联系单位电话	
	联系单位地址	

元数据可以根据需要按数据集合、数据集、数据子集、数据要素类、数据要素乃至数据元素进行描述,元数据要求可参照《地理信息 数据》(GB/T 19710—2005)标准和《地理信息 元数据 第 2 部分:影像和格网数据扩展》(GB/T 19710.2—2016)执行;也可参照《城市地理空间信息共享与服务元数据标准》(CJJ/T 144—2010)执行。元数据可采用纯文本或可扩展标记语言(XML)格式存储,其文件名称宜与所描述的地理空间数据文件名称建立联系。

(8)数据更新

地理底图数据的更新周期可参考本地基础地理信息数据的更新周期并与其同步,宜利用本地基础地理信息数据的更新成果进行加工,必要时可参照《1∶500 1∶1000 1∶2000外业数字测图规程》(GB/T 14912—2017)、《城市测量规范》(CJJ/T 8—2011)等数据生产标准,对数据进行实测更新,并将数据更新的内容、工艺和质量等主要信息增加到该数据的元数据中。

单元网格、管理部件及地理编码数据，应按照《城市市政综合监管信息系统技术规范》（CJJ/T 106—2010）标准的要求定期进行更新，对于地形地貌变化较大的区域应及时进行更新，更新过程中可根据各地实际情况，采用外业普查、监督员采集上报、移动测量、三维激光扫描等多种方法和技术手段，完成变化信息数据的采集与更新工作。管理事件数据更新应根据地方政府相关专业部门的名称变更或机构职能调整状况随时调整更新。更新数据的元数据中宜包含数据内容、更新时间、更新工艺、数据质量等信息，方便数据的整合利用。

3.1.2 单元网格（GB/T 30428.1—2013）

该标准是 GB/T 30428 的第 1 部分，是划分单元网格的依据。

1. 标准内容

单元网格是数字城管监督和管理服务的基本单元。单元网格数据是承载管理单元边界与管理性质的空间数据和属性数据，是数字城管的基础数据之一。

标准规定了数字城管单元网格的划分原则、编码规则、数据要求和图示表达等，是划分单元网格的依据，适用于单元网格的划分和管理。

同时，标准给出了 3 项资料性示例"北京市东城区（局部）单元网格编码示例"、"北京市东城区单元网格属性数据示例"、"北京市东城区单元网格图示例"，供在划分单元网格时参考。

《数字化城市管理信息系统　第 1 部分：单元网格》（GB/T 30428.1—2013），于 2013年 12 月由国家标准化管理委员会批准发布，自 2014 年 8 月 15 日实施。

该标准引用的其他标准：

《中华人民共和国行政区划代码》（GB/T 2260—2007）；

《县级以下行政区划代码编制规则》（GB/T 10114—2003）；

《国家基本比例尺地图图式　第 1 部分：1∶500　1∶1000　1∶2000 地形图图式》（GB/T 20257.1—2017）。

2. 标准应用要点

数字城管的第一要务是将数字城管监管区域的实际范围按照规定原则，划分为若干单元网格，作为实施数字城管"单元网格管理法"的基本元素，它是落实管理责任、管理内容、管理对象定位、管理方式规范和管理流程再造等一系列城市管理举措，进而实现城市管理精细化的主要载体。

（1）标准应用场景

在数字城管建设的设计阶段，单元网格是首先需要确定的要素之一，即根据城市管理需求和管理能力确定管理单元的大小和划分原则，通常规模为 10000m² 左右。设计阶段还需依据标准提出具体城市管理单元网格的划分原则、编码规则、数据要求等。上述要求是建设阶段单元网格数据采集和验收的依据，也是运行管理阶段落实监督管理职责的空间界限。

（2）单元网格的划分、标识码、变更等常见问题处理

单元网格的划分应基于法定的城市大比例尺基础地理数据，数据空间精度和要素取舍

通常达到 1∶500 地形图标准,同时兼顾属地管理、地理布局、面积适当、现状管理、方便管理、负载均衡、无缝拼接和相对稳定等原则。城镇地区的地理底图比例尺应为 1∶500,偏远地区可使用比例尺为 1∶1000 或 1∶2000 底图。

　　单元网格是最小管理单元,监督员可监管巡查 1 个单元网格,也可管理由若干个单元网格组成的责任网格。单元网格应尽量保持稳定,除属地管理和现状管理外,单元网格的划分要实地踏勘与底图设计相结合,确保满足标准要求的划分原则。单元网格分布示例见图 3-2。标准中的"附录 C　北京市东城区单元网格图示例"展示了城镇地区在比例尺为 1∶500 底图上划分的单元网格,见图 3-3。

图 3-2　××市单元网格分布图示例

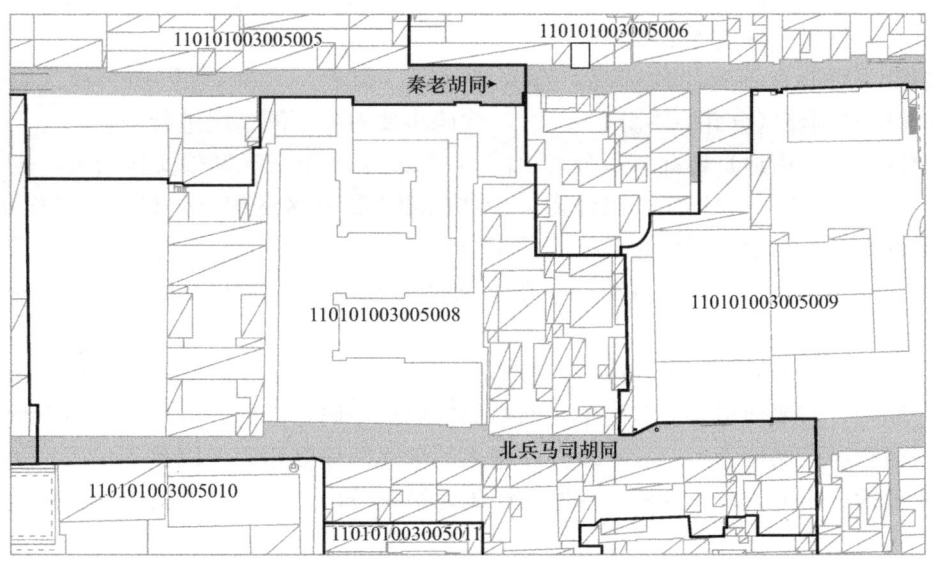

图 3-3　北京市东城区单元网格图示例

该标准规定单元网格标识码应由 15 位数字组成，其中第 1-6 位是县级及县级以上行政区划代码，按照《中华人民共和国行政区划代码》（GB/T 2260—2007）的规定执行。第 7-9 位是街道（镇、乡）代码，按照《县级以下行政区划代码编码规则》（GB/T 10114—2003）的规定，由所在城市相关部门进行编码，本标准中的资料性附录执行的是《北京市行政区划代码》（DB11/T 064—2002）。第 10-12 位是社区（村）代码，按所在城市民政部门制定的社区代码或其他相关规定进行编码。尚未编制街道（镇、乡）代码和社区（村）代码的城市，可以参照《县级以下行政区划代码编码规则》（GB/T 10114—2003）和该标准的规定进行编码。第 13-15 位是顺序码，取值范围为 001～999，编码不重复。例如：北京市东城区交道口街道圆恩寺社区第一个单元网格的标识码为：110101 003 005 001，按照上述编码方法，110101 对应北京市东城区，003 对应交道口街道，005 对应圆恩寺社区，001 对应第一个单元网格。

当单元网格变更时，应重新编码，以便于在单元网格范围变更时可以溯源。单元网格变更是指因管理职能、划分原则或地理要素的变化而导致的对单元网格进行重新划分的行为。划分单元网格的目的是实现管理范围的明确界定、管理责任的准确框定、管理内容的负载均衡、管理对象的状态可控。单元网格的划分及编码要求等应在充分调研和需求分析后提出，在确定后应保持一定的稳定性。当确需变动时，应预评价该变化对数字城管工作的直接和间接影响。

该标准规定"当单元网格变更时，其原代码应不再使用，变更后的单元网格，应按照上述规则重新编码"，即单元网格划分确定后，原则规定尽量保持稳定。但是，随着城市建设发展，有些城市可能需对一些社区或街道进行合并或拆分调整，致使原已划分的单元网格也要相应重新划分，标识码重新赋予。从历史留存记录的角度出发，在数据信息的处理上应留有历史痕迹便于回溯，因此单元网格的代码具有唯一性。

单元网格的空间数据和属性数据均应满足标准规定和应用需求。单元网格的空间数据应无缝衔接，确保管理责任区域无缝、无重叠；属性数据应完整，确保数据可溯源；图示表达应规范，确保管理边界清晰易懂。

一般变更可能有下列几种情况，行政区（区、街道）合并（拆分）、社区合并（拆分）、单元网格调整（合并、拆分、变化），代码也要对应不同情况进行调整。

行政区（区、街道）合并（拆分）。比如：原北京市东城区和崇文区合并，但街道并未调整。因此合并后，原崇文区崇外街道崇文门西大街社区的编码是 110103 002 001，合并后东城区崇外街道崇文门西大街社区的编码是 110101 012 001。原编码最后 2 位顺序码前补 0 改为 3 位顺序码。该社区第一个单元网格的原编码 11010300200101 留存不用，新编码为 110101012001001。

社区合并（拆分）。社区合并或拆分时，一个社区内单元网格发生了变化。按照"相对稳定"原则，需要使尽可能多的单元网格保持原顺序码，因此，可视合并情况使社区原有单元网格顺序码保持不变，只将新合并进来的单元网格顺序码予以重新编码；可视拆分情况，未被拆分出去的单元网格保持原顺序码，被拆分出去的单元网格在新社区范围内重新编排顺序码。

单元网格调整（合并、拆分、变化）。按照"相对稳定"原则，没有变化的单元网格保持原编码，被调整的单元网格应在一个社区内最大顺序码的基础上继续按顺序编码。

3.1.3　管理部件与事件（GB/T 30428.2—2013）

该标准是 GB/T 30428 的第 2 部分，是框定数字城管管理对象并对其进行分类编码的依据。

1. 标准内容

编制了管理部件和事件的基本目录，作为数字城管的监管对象。管理部件和事件数据是表示其位置信息和管理信息的空间数据和属性数据，是数字城管的基础数据之一。

该标准规定了数字城管部件和事件的分类、编码及数据要求、专业部门编码规则，以及部件和事件的类型扩展规则。适用于部件和事件数据的获取、管理与应用。

该标准将部件和事件均划分为大类和小类。其中：部件分为公用设施、交通设施、市容环境设施、园林绿化设施和其他部件等 5 大类，事件分为市容环境、宣传广告、施工管理、街面秩序、突发事件和其他事件等 6 大类。各大类再细分为若干小类，其中部件分为 121 小类，事件分为 83 小类。

部件和事件的分类代码由 10 位数字组成，依次为：6 位县级及县级以上行政区划代码、2 位大类代码、2 位小类代码，该标准还规定每个部件均赋予全国唯一标识码，其结构为：部件分类代码（10 位）＋顺序代码（6 位）。

该标准规定了部件和事件分类的扩展原则和方法。2 项规范性附录"部件分类代码表"、"事件分类代码表"用于指导新增部件和事件的编码。

同时，该标准给出了 2 项资料性示例"部件图示符号"、"专业部门代码示例"供参考。

《数字化城市管理信息系统　第 2 部分：管理部件和事件》（GB/T 30428.2—2013），于 2013 年 12 月由国家标准化管理委员会批准发布，自 2014 年 8 月 15 日实施。

该标准引用的其他标准：

《中华人民共和国行政区划代码》（GB/T 2260—2007）；

《数字化城市管理信息系统　第 1 部分：单元网格》（GB/T 30428.1—2013）。

2. 标准应用要点

管理部件是指城市管理公共区域内的各项设施，如公用设施、交通设施、市容环境设施、园林绿化设施等市政公用和市政工程设施；管理事件是指需要城市管理专业部门处理的现象或行为。专业部门是指部件和事件问题的主管部门、部件的权属单位和养护单位，即责任主体。

（1）管理对象和责任主体的确定

在数字城管建设伊始，首先应依据标准并结合地方实际框定数字城管监管范围内的管理对象，明确城市管理各小类部件和事件的监管责任主体。其次按照标准确定具体城市管理范围涉及的管理部件和事件分类代码，以及部件和事件的类型扩展规则，明确管理部件和事件数据的空间和属性要求、专业部门代码等。上述要求既是建设阶段管理部件数据采集、验收和入库的依据，也是相关软件开发单位的参照依据，还是运维阶段对管理部件数据更新和事件数据上报应了解掌握的基础知识，如部件和事件的分类、代码及图示等。通常管理部件和事件的类型都需要不同程度的扩展，各个城市可根据实际情况对部件和事件小类按标准规定的原则进行扩展。

（2）部件和事件数据要求

管理部件和事件数据包括空间和属性数据，是数字城管的基础数据之一。数据要求一旦确定，原则上不宜变更，在系统确需升级变更时，应做好数据变更对照表，确保数据完整迁移。

部件和事件数据在管理范围内应有唯一标识码，并有采集和变更时间，以便于部件和事件的溯源。标识码的前 6 位应按照《中华人民共和国行政区划代码》（GB/T 2260—2007）执行，这一编码规则保证了部件和事件在全国范围均有一个唯一的标识码。

（3）部件和事件的分类依据

该标准附录 A 是规范性附录，部件分类是按照我国现行城市管理的一般功能划分，以框定职能，明确责任，提高城市管理问题的处置效率。部件分为 5 大类，121 小类。涵盖了目前我国城市市政公用、市容环卫、园林绿化和市政秩序管理的主要内容。对部分在各地称谓不同的管理内容，该标准都分项逐类进行了解释与说明，以便理解和应用。

该标准附录 C 是规范性附录，对事件分类予以规范，将事件分为 6 大类，83 小类。

部件、事件的分类代码和图示等信息贯穿系统建设、运行的各个阶段。通常在《数字化城市管理部件事件管理规范》或《数字化城市管理监督指挥手册》中集成了部件和事件的名称、代码、图示、管理单元、监管要求等信息。由于数字城管的建设模式和需求各有特色，因此应在系统建设伊始即依据相关标准编制管理规范和监督指挥手册，并在建设过程中逐步加以完善。部件及事件的代码应具有稳定性和可扩充性，确保在系统升级时数据迁移的完整性和高效性。数字城管监督指挥手册示例见表 3-3～表 3-5。

监督指挥手册部件类"上水井盖"示例 　　　　　　　　　　表 3-3

部件名称	上水井盖	类别	公共设施	部件符号	⊖
拓扑类型	点	大类代码	01	小类代码	01
部件说明	标有水、供水、给水、水闸、水门、水表、消防等字样的地下给水管道的井盖				
管理标准	井盖完好，无缺失、移位、弹跳、沉降，无安全隐患				
主管部门	×××供水集团				
维护部门	×××供水公司				
部件照片					

	立案条件	结案条件		完成时限
立、结案条件及完成时限	破损、开裂且影响安全	恢复或更新		1 工作日
	缺失	及时补齐		1 工作日
	移位：井盖或井盖同井圈整体错位或移位，明显影响安全	井盖恢复原位		1 工作日
	溢水	消除溢水现象		1 工作日
	震响	消除响动		1 工作日
	塌陷，影响行人或车辆通行安全	在条件允许的情况下，先用障碍物进行围挡，修复路面，升井并使井盖与路面找平		15 个工作日或列入计划完成（适用塌陷）

续表

部件名称	上水井盖	类别	公共设施	部件符号	⊖
法律法规	1.《城市道路管理条例》（1996 年 6 月 4 日国务院发布）第 23 条、第 42 条； 2.《＊＊市城市道路管理办法》（2005 年 8 月 1 日起实施）第 18 条； 3.《＊＊市市容环境卫生条例》（2006 年修订版）第 31 条； 4.《＊＊市地下设施检修井井盖管理规定》； 5.《＊＊市地下设施检修井井盖管理规定细则》				
处罚标准和依据	1.《＊＊市市容环境卫生条例》（2006 年修订版）第 31 条； 2.《＊＊市地下设施检修井井盖管理规定》第 11 条、第 12 条； 3.《＊＊市地下设施检修井井盖管理规定细则》第 7 条、第 8 条、第 9 条				
工作流程	派发：×××供水集团 抄送：××市水务局、××市市政市容委（××市城市管理委）				
备注	立案、结案参照标准《城市市政综合监管信息系统　城市管理部件事件立案、处置和结案》（CJ/T 315—2009） 所适用法律法规等应执行所在城市和地区的相关规定				

监督指挥手册事件类"道路破损"示例　　　　　　　　表 3-4

事件名称	道路破损	类别	市容环境
大类代码	01	小类代码	13
事件说明	道路及其附属设施损坏、塌陷、坑洼等影响行人和车辆通行安全的现象		
主管部门	××市交通委路政局、××区县市政市容委		
维护部门	××市政路桥养护管理集团、市环卫集团、区县市政市容委		
执法部门	××市、××区城管执法部门		
照片	 处理前　　　　处理后		

立、结案条件及完成时限	立案条件	结案条件	完成时限
	步道、盲道砖块丢失，破损严重：面积大于 1m²，深度大于 8cm，影响行人正常通行	修复步道、盲道，补齐丢失砖块	7 个工作日
	道路破损影响行人、非机动车和机动车的正常通行	恢复道路原状	5 个工作日
	坑槽：道路破坏成坑洼深度大于 5cm，面积在 0.1m² 以上。如小面积坑洼较多又相距很近（20cm 以内），应合在一起丈量	修复	5 个工作日
	拥包：路面局部隆起，高度 6cm 以上	修复	按照道路管理部门回复的工作计划，酌情列入申请延期
	井圈周边道路破损（深度大于 5cm，面积在 0.05m² 以上）	修复	按照道路管理部门回复的工作计划，酌情列入申请延期

续表

事件名称	道路破损	类别		市容环境
法律法规	1.《城市道路管理条例》(1996年6月4日国务院发布) 第20条、第21条、第22条、第41条； 2.《＊＊市城市道路管理办法》(2005年8月1日起实施) 第14条、第17条； 3.《＊＊市市容环境卫生条例》(2006年修订版) 第30条			
处罚标准和依据	《城市道路管理条例》(1996年6月4日国务院发布) 第39条到第44条			
工作流程	市属道路	派发：××市政路桥养护管理集团 抄送：××市交通委路政局		
	非市属道路	派发：××区县市政市容委		
备注				

监督指挥手册事件类"违法建设"示例　　　　　　表 3-5

事件名称	违法建设	类别	市容环境
大类代码	01	小类代码	01
事件说明	未经审批私自开凿及搭建的建筑物、构筑物或其他设施		
主管部门	××市规划委		
维护部门	××区县规划分局、××区县水务局		
执法部门	××市规划委、××区县城管执法部门		

立、结案条件及完成时限	立案条件	结案条件	完成时限
	城市河湖管理范围、保护范围内的违法建设	责令当事人停止施工，限期拆除并处罚。当事人拒不自行拆除的，由主责部门向所在地的人民政府或街、乡、镇政府申请强制拆除	90天
法律法规	1.《中华人民共和国城乡规划法》(2008年1月1日起实施)； 2.《＊＊市城乡规划条例》(2009年10月1日起实施)； 3.《中华人民共和国河道管理条例》； 4.《＊＊市河湖保护管理条例》		
处罚标准和依据	1.《＊＊市城乡规划条例》(2009年10月1日起实施)； 2.《关于建立制止查处违法用地违法建设联动工作机制的意见》(＊＊政发〔2010〕15号)； 3.《＊＊市河湖保护管理条例》第20条、42条		
工作流程	派发：××区县城管执法大队、分局、区县水务局 抄送：××市城管执法局、××市水务局		
备注			

（4）事件数据库建设

与部件普查建库相同，管理事件也应通过普查、确责，框定市与区（县市）之间、上级专业部门与下级专业部门之间、专业部门与专业部门之间的城市管理职能，明确管理边界，落实管理责任。基于数字城管综合管理服务体系的特殊性考量，事件普查应由地方政府牵头组织，由数字城管监督指挥中心具体负责，协调承担城市管理职能的相关专业部门和单位，按照该标准规定对管理事件予以确权、确责。据统计，管理事件案件在数字城管案件总量中占比达 95％以上，因此，搞好事件数据库建设、落实事件管理责任，对提高数字城管运行质量具有重要意义。

（5）事件代码及定位

事件具有事发位置不固定的特性，故事件定位应依靠地理编码数据提供相对准确的位置信息来完成，因此应注重做好城市地址数据和地理编码数据的普查建库工作，为数字城管业务流程正常运行提供基础性保障。在数字城管系统建设中，地理编码数据和地址数据普查是一项十分重要的基础工作，如：禄米仓后巷 3 号住宅西侧 10 米处有堆放绿化施工废弃料，按照该标准编码规则，该事件的大类是施工管理，代码为03，小类是施工废弃料，代码为 05，其事件分类代码是 1101010305。如果在其他地区发现同类问题，如大兴胡同 65 号住宅对面墙根处堆有施工废弃料，其事件分类代码也是 1101010305。这两个事件通过其属性信息中事发位置、所在单元网格不同来区别。

关于新增事件。可以根据发生问题事件的实际状况，补充添加该事件的责任主体部门，也可根据已经颁布的法律法规，将需要执法解决的事件所对应的法条法典予以补充，为专业部门的处置人员实施快捷、有效管理提供法律依据。

3.1.4　地理编码（GB/T 30428.3—2016）

所谓地理编码，是指建立地址或地点描述与地理坐标之间的空间对应关系，用于除地理坐标外，按照地名或地址的文字描述，实现对管理对象的快速空间定位。

该标准是 GB/T 30428 的第 3 部分，是进行地理编码的依据。

1. 标准内容

该标准规定了数字城管定位参考空间数据的类型为地名、地片、街巷、门楼牌、兴趣点等，规定了定位参考数据的空间和属性质量要求，并规范了位置描述语言的分段和组合要求等。

同时，该标准给出了 2 项资料性示例"基本地点数据示例"、"定位描述分段与组合示例"供确定基本地点及其描述时参考。

《数字化城市管理信息系统　第 3 部分：地理编码》（GB/T 30428.3—2016），于 2016 年 8 月由国家标准化管理委员会批准发布，自 2017 年 3 月 1 日实施。

该标准引用的其他标准：

《中华人民共和国行政区划代码》（GB/T 2260—2007）；

《县级以下行政区划代码编制规则》（GB/T 10114—2003）；

《数字化城市管理信息系统　第 1 部分：单元网格》（GB/T 30428.1—2013）。

2. 标准应用要点

（1）地理编码的方式及应用场景

地理编码是一种用地点名称或地址文字描述进行定位的方法，是除坐标定位之外的一种常见定位方式。地理编码的核心问题是将基本地点名称类型分为区域、地片、区片、街（巷）、门（楼）牌和兴趣点等，并建立各类基本地点名称与坐标的联系，通过地址描述的语义解析，建立与基本地点和坐标的联系，从而实现对管理对象的空间定位。

该标准通过门（楼）牌、兴趣点等定位参考数据（基本地点数据）实现部件和事件的快速定位。可用于部件状态和事件的上报、处置等活动。标准还规定了各类基本地点名称定位描述的分段规则和组合规则，以便使地点（地址）名称描述规范化。由于基础地理信息框架数据中地名和地点数据相对稀少，不能满足部件、事件快速空间定位的要求，因此需要在基础数据普查时专门采集地点数据。为保证采集数据的质量，该标准规定了不同区域地点数据的采集密度和精度。

该标准在数字城管系统的建设和运行阶段都有广泛应用。在设计阶段，需依据标准和管理需求确定管理范围的基本地点数据采集要求和质量验收要求。在建设阶段，需依据设计要求采集并建立基本地点数据库，并建立数据更新机制以确保定位参考数据能够持续满足需求。在运行阶段，可依据设计要求对基本地点数据进行必要的更新，还可以利用系统定位功能配合进行部件、事件问题的收集、派遣、督办等工作。

（2）基本地点的选择及采集范围确定

基本地点的选择可参考该标准中附录示例"基本地点数据示例"执行。基本地点数据的采集范围和更新频次可根据城市管理的需求设定。

地名和门楼牌等位置数据具有广泛的适用性及相对稳定性，因此在规定地名和门楼牌等空间和属性采集要求时，宜顾及空间数据的广适性和属性信息的规范性，且尽可能确保数据采集质量。宜协调相关部门建立地名和门楼牌数据的更新机制，应将历史数据可以溯源作为重要考量因素。地名和门（楼）牌等位置数据可服务于城市管理诸多领域，宜最大限度地提高数据的使用价值。

兴趣点等位置数据最常用于部件和事件的定位，兴趣点数据变化相对频繁，在制定数据采集要求时，需设置合理的取舍原则、采集密度及更新频次，同时需根据地方特点扩充并列举兴趣点的类型和采集要求，方便数据的采集与验收。

需根据地方实际扩充并列举分段组合规则，尽可能实现地理编码的精准定位，支持部件和事件的问题收集、任务派遣、督办和评价等活动。基本地点的选择分段组合规则示例，可参照该标准给出的2项资料性示例"基本地点数据示例"、"定位描述分段与组合示例"执行。区域、门（楼）牌、兴趣点描述分段与组合示例见表3-6～表3-8。

区域定位描述分段与组合示例　　　　　　　　　　　　　　　表3-6

序号	区域定位描述分段与组合				代码			
1	北京市	东城区			110101			
2	北京市	东城区	安定门街道		110101	004		
3	北京市	东城区	安定门街道	钟楼湾社区	110101	004	006	
4	北京市	东城区	安定门街道	国子监社区　第十个单元网格	110101	004	005	010

门（楼）牌的定位描述分段与组合示例   表 3-7

序号	门牌与楼牌定位描述模式	门牌与楼牌定位描述分段与组合
1	市 区 地片 门牌 方位	北京市 东城区 宽街 东单北大街 106 号 西侧
2	市 区 门牌 方位	上海市 黄浦区 泰康路 210 弄田子坊 内
3	门牌 方位 补充说明	睦南道 155 号 北 100 米
		同福夹道 4 号院 内 西北角
		闻喜路 616 弄 西侧 第 6 个
4	门牌 方位	东单北大街 106 号 向西
		炮局胡同 7 号院 对面
		东四五条 128 号 左
		西钧玉弄 106 弄-1-3 号 内
		东四五条 42 号 右
		东直门南小街 159 号 旁
		柏树胡同 18 号 前
5	楼牌 方位	北官厅 2 号楼 西北角
		貌川里 3 栋 楼顶
		骑河楼 5 号楼 前
6	楼牌 方位 补充说明	西康路 72 号楼 北 第 2 排
		常德路 23 号 西侧 200 米

基于兴趣点的定位描述分段与组合示例   表 3-8

序号	兴趣点定位描述模式	兴趣点定位描述分段与组合
1	兴趣点	地铁 13 号线 柳芳站 A 出口
2	街巷 方位 兴趣点 方位	新中东巷 南口 公共厕所 北侧
3	区片 兴趣点 方位	交通社区 长和大厦 前
		民旺社区 煤气站 东侧
4	街巷 兴趣点 方位	东四北大街 邮局 前
		炮局胡同 市公安局 门口
		民安街 区园林局 西北侧
		东直门南小街 工商银行 旁
		安定路 顺天府超市 门前
		东厂胡同 富豪宾馆 后门
		兴化路 银杏园菜馆 北侧
		东四北大街 华普花园 旁
		青龙胡同 职工培训学校 东侧
		东四北大街 朝内菜市场 右
		香河园路 自来水公司 左侧

（3）基本地点数据的质量要求

1）地点数据质量须包含 4 个要素：坐标基准、数据内容、数据精度和采集密度。

① 坐标基准：地点数据应采用所在城市基础测绘的坐标系。

② 数据内容：应按照五种地点类型分别填写相应的属性值，需要按照规则确定标识码，属性值的正确率不应低于 95%。地址数据普查后，应组织具备资质的机构对数据质量进行验

收，对检查中发现的属性内容错漏现象必须予以补充和修正，以保证地理编码的正确性。

③ 数据精度：门（楼）牌、兴趣点等数据的平面位置中误差不应超过±2.0m。线状数据、面状数据的位置精度应符合数据采集的要求。

④ 采集密度：采集密度与采集区域相关，而采集区域又和管理区域密切相关。采集区域及采集密度见表3-9。

数据采集区域类别及采集密度对照

表3-9

序号	区域类别	采集密度	说明
1	一类区域	≤5m	核心区、人流密集区、商业区、重点街道和重点旅游景区
2	二类区域	≤15m	一般城区
3	三类区域	≤30m	城乡接合部、拆迁区和权属未移交区等

2) 基本地点数据采集密度应符合以下规定：

① 一类区域相邻门（楼）牌、兴趣点数据间隔不得大于5m，即在核心区等一类区域内的地址数据采集密度应每隔5m就要有一个地点数据。

② 二类区域相邻门（楼）牌、兴趣点数据间隔不得大于15m，即在一般人口密度相对少的城区，如新建开发区，其地址数据的采集至少应该每15m有一个地点数据。

③ 三类区域相邻门（楼）牌、兴趣点数据间隔宜小于30m，即在数字城管覆盖的城乡接合部或者村镇等区域，地址数据至少应该每隔30m有一个地点数据。

3.1.5 监管信息采集设备（GB/T 30428.5—2017）

该标准是GB/T 30428的第5部分，是选择信息采集设备——"城管通"和开发应用软件的依据。

1. 标准内容

监管信息采集设备是指供监督员使用，实现数字城管监管信息的采集、报送、核实、核查等任务的移动通信手持设备。监管信息的采集设备除了移动通信手持设备之外，还包括基于物联网的各种监控信息采集设备，如噪声监测仪、扬尘监测仪等。

该标准规定了监管信息采集设备的硬件要求、应用软件功能、性能要求和其他要求等，是选择信息采集设备和开发应用软件的依据，适用于监管信息采集手持设备的选型和应用软件开发。

《数字化城市管理信息系统 第5部分：监管信息采集设备》（GB/T 30428.5—2017），于2017年9月由国家标准化管理委员会批准发布，自2018年4月1日实施。

该标准引用的其他标准：

《移动通信手持机可靠性技术要求和测试方法》（YD/T 1539—2019）。

2. 标准应用要点

（1）标准应用场景

在数字城管建设的设计阶段，应依据标准和实际管理需求进行监管信息采集设备的选型，并进行采集终端应用软件的开发，达到标准规定的功能和性能要求。

在运行阶段，监督员使用监管信息采集设备进行事件、部件信息的采集、报送、核实、核查等任务。

（2）设备选型

设备选型主要考虑硬软件性能和耐用性要求。

设备硬件要求采用智能手机，应运行智能终端通用的操作系统，随机存储器（RAM）不应小于1GB，只读随机存储器（ROM）不应小于8GB，显示屏尺寸不应小于10.16cm，按键寿命应符合《移动通信手持机可靠性技术要求和测试方法》（YD/T 1539）的规定，单块电池连续使用时间不应低于4h，应具有全球卫星导航定位功能，宜支持北斗导航定位等。该标准以满足数字城管需求为前提，对硬件配置规定了较低的基本要求，在设备选型时，应充分考虑技术发展现状，适当提高设备配置。

（3）应用软件要求

应用软件应具备采集、上报、查询、配置、安全等功能，宜具有指挥、处置、公众服务、执法、督办和评价等扩展功能。在应用软件开发时，应顾及与平台数据库的顺利衔接。部分城市在监管信息采集设备中增加监督员巡视位置自动报警功能。

监管信息采集设备是监督员日常工作的主要工具，信息上报、核实和案件核查都需要使用"城管通"，使用频次高，使用时间长。为提高监督员的工作效率与采集数据的质量，应保证监管信息采集设备性能可靠性，"城管通"连续使用2年及以上宜予以更新。

3.2　验收标准

数字城管验收阶段标准为《数字化城市管理信息系统　第6部分：验收》（GB/T 30428.6—2017）。

该标准是GB/T 30428的第6部分，是进行验收前准备和实施验收工作的依据。验收标准可用于系统建设的验收，以及运行效果的自查与评价，亦可作为系统初始建设、系统升级和系统运维评价等阶段性成果验收的依据。

验收阶段涉及的相关标准还包括系统技术要求和基础数据要求等标准，可参考"3.1设计与实施标准"中的《城市市政综合监管信息系统技术规范》（CJJ/T 106—2010）、《数字化城市管理信息系统　第1部分：单元网格》（GB/T 30428.1—2013）、《数字化城市管理信息系统　第2部分：管理部件和事件》（GB/T 30428.2—2013）、《数字化城市管理信息系统　第3部分：地理编码》（GB/T 30428.3—2016）、《数字化城市管理信息系统　第5部分：监管信息采集设备》（GB/T 30428.5—2017）等标准的解析。还涉及运行阶段的标准，可参考"3.3　运行标准"中的《监管信息采集》（GB/T 30428.7—2017）、《城市管理部件事件立案、处置和结案》（CJ/T 315—2009）、《绩效评价》（GB/T 30428.4—2016）等标准的解析。

1. 标准内容

该标准规定了数字城管建设和运行效果的验收内容、验收指标、评分和结论等，是进行验收准备和实施验收工作的依据，适用于数字城管建设和运行效果的验收。

该标准的附录列出了数字城管系统9个基本子系统的基本功能、详细的验收指标和评分表内容、系统建设和运行文档目录，并给出了验收结论示例。

《数字化城市管理信息系统　第6部分：验收》（GB/T 30428.6—2017），于2017年12月由国家标准化管理委员会批准发布，自2018年7月1日实施。

该标准引用的其他标准：

《数字化城市管理信息系统　第1部分：单元网格》（GB/T 30428.1—2013）；

《数字化城市管理信息系统　第2部分：管理部件和事件》（GB/T 30428.2—2013）；

《数字化城市管理信息系统　第3部分：地理编码》（GB/T 30428.3—2016）；

《数字化城市管理信息系统　第4部分：绩效评价》（GB/T 30428.4—2016）；

《数字化城市管理信息系统　第5部分：监管信息采集设备》（GB/T 30428.5—2017）。

2. 标准应用要点

（1）验收的7项基本条件

标准明确规定了验收时必须全部满足的7项基本条件，缺少任何一项基本条件均可一票否决，系统不能通过验收。基本条件包括组织模式、实施机构、业务流程、制度建设、队伍建设、数据建设和应用系统等，并要求系统连续、安全、稳定试运行超过6个月以上。

标准定义了一个重要术语"组织模式 organization mode"，即"根据城市管理需求建立的一种数字化城市管理监督与指挥的组织架构"，对《城市市政综合监管信息系统技术规范》（CJJ/T 106—2010）的相应规定做了调整，明确各地可根据实际情况，在三种不同的组织模式中任选其一，即：一级监督，一级指挥；一级监督，两级指挥；两级监督，两级指挥。"组织模式"是建设数字城管的基础。标准要求建立隶属于政府的、独立的数字城管实施机构，实现城市管理的监督考核和执行处置相互分离。

（2）预验收和正式验收

标准将验收分为预验收和正式验收两个阶段，预验收是对数字城管应具备的基本条件进行检查并整改存在问题，是正式验收的前提。

正式验收规定了5项具体验收内容，即管理模式、地理空间数据、应用系统、运行效果和文档资料。标准附录B对各项验收内容的指标及评分进行了细化说明。

该标准将验收指标分为一级指标和二级指标，一级指标及其权重突出了管理模式和运行效果的重要性。其权重构成见表3-10。

一级指标权重　　　　　　　　　　　　　　　　　　　　表3-10

一级指标	权重
管理模式	35%
地理空间数据	15%
应用系统	20%
运行效果	25%
文档资料	5%

管理模式部分的主要验收内容包括组织模式的选择、实施机构设置、人员队伍建设、业务流程建立及相关管理制度建设等。

地理空间数据部分主要验收数据空间参考，数据内容以及数据现势性状况等内容。其中，单元网格数据应满足《数字化城市管理信息系统　第1部分：单元网格》（GB/T 30428.1—2013）的要求；部件和事件数据应满足《数字化城市管理信息系统　第2部分：管理部件和事件》（GB/T 30428.2—2013）的要求；地理编码数据应满足《数字化城市管

理信息系统　第 3 部分：地理编码》（GB/T 30428.3—2016）的相关要求。

应用系统部分主要验收系统运行的软硬件环境、9 个基本子系统功能、系统安全保障功能建设情况、应用系统的测试运行情况以及系统建设试运行各环节的文档资料，等等。

运行效果部分的验收内容主要包括数字城管的地理范围覆盖情况、专业部门覆盖情况、系统运行指标情况（含立案、派遣、结案、考评各环节），同时对数字城管监管区域进行现场考察，实地查看系统运行情况和城市管理实际效果，等等。

文档资料中规定了各项文档资料的存储介质、格式、规格等情况，在该标准附录 C 中给出了各类文档资料的详细内容。

3.3　运行标准

数字城管运行阶段标准，分别为《数字化城市管理信息系统　第 7 部分：监管信息采集》（GB/T 30428.7—2017）、《城市市政综合监管信息系统　监管案件立案、处置与结案》（CJ/T 315—2009）、《数字化城市管理信息系统　第 4 部分：绩效评价》（GB/T 30428.4—2016）。

运行阶段涉及的相关标准还包括基础数据要求及验收等标准，可参考"3.1 系统建设标准"中的《数字化城市管理信息系统　第 1 部分：单元网格》（GB/T 30428.1—2013）、《数字化城市管理信息系统　第 2 部分：管理部件与事件》（GB/T 30428.2—2013）、《数字化城市管理信息系统　第 3 部分：地理编码》（GB/T 30428.3—2016）等标准的解析。

3.3.1　监管信息采集（GB/T 30428.7—2017）

该标准是 GB/T 30428 的第 7 部分，是选择信息采集队伍组织方式、制定信息采集绩效考核评价制度的依据。

1. 标准内容

信息采集指监督员在责任网格内（责任网格是指单个监督员负责巡查的单元网格的集合）巡查时，对监管对象进行拍照、填表、定位，并对信息进行整理、核实和上报的过程。标准列举了 5 个监管信息采集的流程，包括巡查、信息上报、信息核实、案件核查、专项普查，并规定了对信息采集工作的监督管理要求，给出了考核评价的参考指标。

该标准规定了监管信息采集的一般规定、流程、管理要求和质量评价等。适用于监管信息采集方式的选用及信息采集工作的监管。

同时，该标准给出了 2 项资料性示例"专项普查示范"、"信息采集质量评价示例"供参考。

《数字化城市管理信息系统　第 7 部分：监管信息采集》（GB/T 30428.7—2017），于 2017 年 7 月由国家标准化管理委员会批准发布，自 2017 年 11 月 1 日实施。

该标准引用的其他标准：

《数字化城市管理信息系统　第 2 部分：管理部件和事件》（GB/T 30428.2—2013）；

《数字化城市管理信息系统　第 4 部分：绩效评价》（GB/T 30428.4—2016）。

2. 标准应用要点

（1）设计阶段本标准的作用

在数字城管的设计阶段，需结合管理需求及标准规定进行与信息采集相关的应用软硬件的开发，满足标准对软硬件功能和性能的要求，实现监管信息的采集、报送、核实、核查等任务。

（2）信息采集组织方式与定额核算

该标准将信息采集队伍组织方式分为监督中心自行组建、授权某个单位和委托信息采集公司等3种。无论采用何种方式，监督中心均应赋予并明确信息采集责任单位的权限、责任和义务。为充分体现"监管分离"原则，宜采用市场化运作的"委托信息采集公司"的方式，在具体实施过程中应加强对信息采集公司的业务指导和日常监管。

该标准给出了信息采集区域类别划分、信息采集面积测算、信息采集服务费用计算等划分和计算方法。

该标准对采集人员即监督员定额核算、巡查频度和巡查时速设定及巡查时间设定等都做了可量化的规定，并强调监督员必须经过培训考核合格才能上岗。还给出了监管巡查、信息上报、信息核实、案件核查和专项普查等5个工作流程，以规范信息采集业务操作行为。

（3）制度和考核

该标准要求制定信息采集责任单位质量评价、监督员评价等制度，侧重对监督员的配置、到岗情况、上报信息的数量和质量等进行检查，并规定了对信息采集责任单位和监督员考核的内容和要求。

该标准要求监督员宜按规定自行处置轻微城市管理部件、事件问题，以减少处置成本，提高工作效率。

3.3.2 立案、处置和结案（CJ/T 315—2009）

该标准规定了数字城管监管案件从立案到结案各节点的工作要求、责任主体、时限设置和法律法规依据等。

该标准目前为工程建设领域的产品行业标准，经过修订升级的《数字化城市管理信息系统　第8部分：立案、处置和结案》（GB/T 30428.8—20××）报批稿已于2019年5月报送国家标准化管理委员会审核发布。本部分仍以行业标准为蓝本进行解析，国家标准与行业标准的异同将在下面的标准应用要点中详细阐述。

1. 标准内容

该标准规定了数字城管运行中发现的城市管理问题立案、处置与结案的分类依据、工作时限、管理要求和应用要求。对案件处置责任单位、处置过程及完成情况实施标准化监督，对数字城管有效运行具有重要的指导作用。适用于数字城管运行中发现的城市管理问题立案、处置与结案的过程管理。

立案，指"对采集上报符合立案条件的案件建立案卷，并进入系统流程的活动。"即规定由监督中心受理员或值班长对监督员上报的城市管理问题信息进行甄别，符合立案条件（如电力井盖缺失、路面塌陷、施工占道等）的建立案卷，并进入业务流程的下一个环节，将案件批转指挥中心进行任务派遣。该标准给出了规范性附录A1和规范性附录A2，分别规定了"监管部件、事件类案件的立案条件、处置时限与结案条件"，各地可根据实际贯彻执行。同时，该标准给出了1项资料性示例"监管案件立案条件、结案条件与处置时限与专业部门示例"供参考。

处置，指"专业部门接到立案案件后，按照标准和规定对案件进行处理的活动。"专业部门接到指挥中心派遣的案件后，根据指挥手册确定的案件所属责任部门或权属单位，在第一时间通知相关责任单位或责任人直接去现场对案件进行处理。

结案，指"案件处置完毕，经监督员现场核查确认后，结束系统流程的活动。"专业部门对案件处置完毕后，监督中心应派遣监督员现场对处置结果进行核查，以实地观察和拍摄的照片作为依据，问题已经处置完毕的案件即可以结束流程将处置过程的相关数据予以存档。没有处理完毕的案件须退回专业部门重新处理，直至问题得到解决，案件才可以结束并将整个案件流转的全过程记录存档。

工作时限，指在数字城管信息系统的业务流程中，每个阶段从工作开始到完成的限定时间段。即案件流转的每一个环节都必须限定从开始到完成的时间段。分别用次、分、时或日作为计量单位。

《城市市政综合监管信息系统　监管案件立案、处置与结案》（CJ/T 315—2009），于2009 年 8 月由住房和城乡建设部批准发布，自 2009 年 12 月 1 日实施。

标准引用的其他标准：

《城市市政综合监管信息系统技术规范》（CJJ/T 106—2010）；

《数字化城市管理信息系统　第 2 部分：管理部件与事件》（GB/T 30428.2—2013）；

《数字化城市管理信息系统　第 4 部分：绩效评价》（GB/T 30428.4—2016）。

2. 标准应用要点

（1）现行行业标准转国家标准时应注意的事项

建议目前正采用行业标准《城市市政综合监管信息系统　监管案件立案、处置与结案》（CJ/T 315—2009）组织数字城管运行管理的城市，应特别关注国家标准《数字化城市管理信息系统　第 8 部分：立案、处置和结案》（GB/T 30428.8—20××）在对法律法规、法定职责及管理要求方面的规定。

《数字化城市管理信息系统　第 8 部分：立案、处置和结案》GB/T 30428 的第 8 部分国家标准报批稿与解析的行业标准有如下变化：

1）标准内容围绕立案、处置和结案，去掉了信息采集等其他环节内容。业务流程也不在本部分中描述。

2）标准其他部分已经定义的术语，在本部分中原则上不再定义。

3）术语定义部分主要增加了"责任主体"，其定义为"依据法律法规和法定职责对城市管理的部件和事件负有巡查、养护、管理、执法等责任的法人和自然人。"

4）按照标准名称，术语定义中增加了"立案、派遣、处置、反馈、核查、结案"六个术语。

5）第 5 章的管理要求紧扣立案、处置和结案进行描述。

6）第 6 章中，将监督指挥手册改为《数字化城市管理部件和事件管理规范》，既体现依法编制原则，又以法规形式固化管理对象和管理主体。

7）增加了第 7 章智能化拓展应用，体现新技术在数字城管智慧化升级中的作用，提出了"扁平化"业务流程的要求。

8）附录 A 中的小类按照《数字化城市管理信息系统　第 2 部分：管理部件和事件》（GB/T 30428.2—2013），扩展的内容都放在附录 C 中。附录 B 为管理规范示例。逐条确定各部件、事件责任主体、立结案条件、处置时限，并配套提供相对应的法律法规条款。

（2）现行行业标准应用场景及相关标准

该标准主要用于数字城管设计阶段的业务流程设计，以及运营阶段的监管。立案、处置与结案是数字城管的业务核心，与之密切相关的数字城管标准参见 3.1 建设阶段标准中的系统技术规范（CJJ/T 106—2010）、管理部件与事件（GB/T 30428.2—2013）等标准，以及本节中的绩效评价（GB/T 30428.4—2016）标准。

围绕部件和事件的立案、处置、结案是数字城管的核心业务，这些信息集成在《数字化城市管理监督指挥手册》中，监督指挥手册示例参见"3.1.3 建设阶段标准"中的表 3.1～表 3.3。

（3）现行行业标准的立案要求、处置要求、结案要求和对专业部门的相关要求

该标准强调应编制相应的城市管理监督指挥手册，内容包括立案条件、结案条件、每个小类案件的工作时限和负责的专业部门等。

该标准规定的立案要求和量化指标：对同一类别的案件按照处置的难易程度和重要程度确定立案的条件，同时规定了 A、B、C（即最短、一般和最长工作时限）三级案卷建立的工作时限。

1）该标准规定的处置要求：主要包含案件的派遣时限（按照 A、B、C 类管理程度分别为 5min、10min 或 15min）、案件处置时限、案件处置计时方法和反馈时限等内容。

2）标准规定的结案要求：规定了核查结案阶段可分为 30min、60min、120min 三种不同的工作时限供选择。

3）该标准规定的专业部门要求：专业部门宜为相应的主管部门、权属单位、养护单位和作业单位。实行"扁平化"管理的城市，首先应把每类部件和事件案件的处置精确落实到相应的责任人；其次将受理员、值班长和派遣员三岗合一，并对原数字城管指挥系统业务流程进行"扁平化"改造，研发"扁平化"指挥系统软件，监督指挥中心接到上报信息后，由三岗合一的派遣员直接将案件派遣到相关处置单位的责任人手机客户端上，由其直接进行处置或安排处置，处置后将结果直接反馈至监督指挥中心，以减少中间环节，提高案件处置效率与质量。

4）工作时限计量单位：分以下三种情况，即信息采集阶段，监督员的巡查频度以次/日为计量单位；案卷建立、任务派遣、处理反馈及核查结案等阶段，工作时限以分钟为计量单位；任务处理阶段专业部门的工作时限以工作时、紧急工作时或工作日为计量单位。

紧急监管案件是指"可能产生严重后果、需要紧急处置的案件"。一般这类情形是指城市突发灾害状况、涉及对人民生命财产安全产生严重后果的问题，比如城市路面塌陷、设施毁损、洪涝灾害、冰雪灾害等，都必须不受该标准相关时限规定的约束，应该在第一时间上报信息、第一时间快速解决问题。

（4）执行该标准应遵循的基本原则

按照该标准要求编制监督指挥手册；坚持标准的刚性；坚持因地制宜；酌情扩展案件类型，随着城市发展和管理精细化水平提高，案件类型可进行适度扩展，并对扩展的类型规定相应的立案条件、工作时限、结案条件和负责案件处置的专业部门。

3.3.3 绩效评价（GB/T 30428.4—2016）

该标准是 GB/T 30428 的第 4 部分，是对数字城管各责任主体进行绩效考核评价的依据。

1. 标准内容

绩效评价指按照设置的评价指标，对区域、专业部门和岗位工作业绩进行的评价。区域指部件和事件问题发生和处置的市、区（县市）、街道（镇、乡）、社区（村）和单元网格等管理范围。专业部门指部件和事件问题的主管部门、部件的权属单位和养护单位。岗位包括监督员、受理员、值班长、派遣员等。

该标准规定了数字城管绩效评价的周期、指标、方法、实施与保障以及外部评价。适用于实行数字城管的城市对监管区域、专业部门和岗位工作绩效的评价。

该标准将绩效评价分为区域评价、部门评价和岗位评价 3 种对象类型，不同类型的评价分别采用不同的评价指标，每项指标又采用不同的分值和权重。评价指标包括基本指标 26 项和比率指标 16 项，前者给出了指标说明，后者给出了计算公式。评价按一定周期进行，评价周期分为日评价、周评价、月评价、季评价、半年评价、年评价等。还可以根据需要自行确定评价周期，如旬评价或不定期评价等。

同时，该标准给出了 5 项资料性示例"扩展指标示例"、"区域评价示例"、"部门评价示例"、"岗位评价示例"、"评价结果分级和色彩表示示例"，供各地在绩效评价时参考。

《数字化城市管理信息系统　第 4 部分：绩效评价》（GB/T 30428.4—2016），于 2016 年 8 月由国家标准化管理委员会批准发布，自 2017 年 3 月 1 日实施。

标准引用的其他标准：

《数字化城市管理信息系统　第 1 部分：单元网格》（GB/T 30428.1—2013）；

《数字化城市管理信息系统　第 2 部分：管理部件和事件》（GB/T 30428.2—2013）。

2. 标准应用要点

（1）标准的应用场景及绩效评价实施主体

标准主要用于数字城管运行阶段对监管区域、专业部门和岗位工作绩效的评价。

该标准强调，绩效评价的实施主体应为政府授权的数字城管监督中心或其他部门，应确保评价的权威性、可靠性、公正性、准确性和及时性。标准中的监督中心和指挥中心是指数字城管综合管理服务体系中承担案件监管、履职考评职能和案件派遣、督办处置职能的部门。监督中心是按照数字城管的监管需求，承担城市管理问题信息收集、审核立案、核查结案及对各类责任主体履职进行绩效综合评价等职能的单位。监督中心一般应设置为隶属地方政府的独立法人机构，依据政府授权实施对数字城管覆盖区域、专业部门和相关岗位人员的绩效评价。指挥中心是按照数字城管的监管需求，承担对城市管理部件和事件问题向相关专业部门进行派遣、协调督办，以及处置结果反馈等职能的部门。由于各城市数字城管的管理模式存有差异，其机构名称也不尽相同，但近些年基本趋向将监督、指挥职能合二为一设置数字城管监督指挥中心。

（2）绩效评价是数字城管必须具备的监督功能

绩效评价的结果依据，是按照标准规定的评价指标体系，基于数字城管系统运行数据，自动生成的对评价对象案件处置状况的考评结果。数字城管的考评结果，应纳入地方政府的绩效考核、行政效能监察考核指标体系，成为政府对评价对象政绩考核的组成部分，以激发其积极性，在制度上保障数字城管长效运行。同一城市采用的评价方法宜保持一致。另外，各地可根据需要，通过专业调查机构或采用随机抽样方式对数字城管运行效果进行外部评价。

数字城管的综合评价子系统是支撑数字城管绩效评价体系的关键。标准明确规定"已运行的数字化城市管理信息系统应具有绩效评价功能"，并且能够通过系统功能实现对各类评价对象的实时评价，获得完整、准确的绩效评价结果。

（3）绩效评价方法

数字城管绩效评价分为区域评价、部门评价和岗位评价。对每一类型绩效评价，都需要根据当地数字城管工作的需求，分别采用不同的评价指标、分值和权重，通过指标整合应用，形成绩效评价考核结果。该标准根据城市管理的实际情况，明确数字城管绩效评价的区域评价宜分为三类（三类区域的划分标准见表3-9）。一类管理区域评价示例见表3-11。

数字城管绩效评价的数据来源，主要是监督员采集上报的问题信息和社会公众监督举报的问题信息，经转办派遣数字城管业务流程的各不同岗位办理、处置流转后，形成了一套完整的数据链，通过系统中设置的指标和指标权重和自动生成的不同结果数据，实施区域、部门、岗位的考核评价。

一类管理区域评价示例（部分）　　　　　　　　　　表3-11

街道	社区	单元网格	监督举报率（%）	案数	结案率（%）	按期结案率（%）	综合指标值	评价等级
街道一	社区一	110101001001001	0	0	100	100	100	A
		110101001001002	0	3	100	100	92.5	A
		110101001001003	0	8	100	87.50	78.25	B
	社区二	110101001002002	0	1	100	100	97	A
		110101001002011	0	0	100	100	100	A
		110101001002010	14.29	7	85.71	85.71	72	C

注：1. 综合指标值中，各个指标的分值计算方法如下：
监督举报率分值：（1－监督举报率）×100
立案数分值：
一类管理区域内0件100分；1-2件90分；3-4件75分；5-6件60分；7-8件40分；9件及以上0分；
二类管理区域内0件100分；1-3件90分；4-5件75分；6-7件60分；8-9件40分；10件及以上0分；
三类管理区域内1件100分；2-4件90分；5-7件75分；8-10件60分；11-13件40分；14件及以上0分。
结案率分值：结案率×100
按期结案率分值：按期结案率×100
2. 综合指标值的计算公式如下：
综合指标值＝监督举报率分值×10％＋立案数分值×30％＋结案率分值×30％＋按期结案率分值×30％

3.4　标准执行中的其他问题

3.4.1　标准的执行

1. 保持系统整体性与标准关联性的协调

在实践中，部分标准可根据需要进行删减和扩展，如部件和事件类型、地理编码的地址和地名类型等。这些要素的管理模式地域差异较大，在系统建设初期的设计阶段，应充分调研建设单位的需求和条件，考虑系统的整体性和部件、事件、案件、地理编码、绩效及相关要素的关联性，在充分理解标准要求后进行必要的扩展和删减。

数字城管中涉及部件、事件、案件、地理编码、工作绩效等的相关规范文件应分版本长期保存，方便数据的迁移和溯源。

在数字城管建设和运行中，要重视部件、事件、案件等要素属性信息填写的正确性和完整性，如初始日期、变更日期、数据来源等信息，重视保存与分析历史数据和过程数据。

2. 执行标准宜"实事求是，因地制宜"

单元网格、地理编码等基础数据的采集和验收应严格按标准执行，立案、处置和结案标准宜因地制宜，按照循序渐进原则，逐步提高标准加大管理力度。标准的生命力在于充分运用和严格贯彻执行。应当正确引用现行标准文本，重视并真正理解标准的本意，注意区分"应"、"宜"、"可"条款的内在涵义。

3.4.2　怎样从执行行业标准升级为执行国家标准

数字城管从 2004 年诞生到 2014 年的 10 年间，部件和事件分类、编码及数据要求都采用行业标准，行业标准升国家标准的过程详见本书"1.3.2 行业标准升级国家标准"说明。在国家标准发布之前已建成数字城管的城市都存在数据代码从行业标准转换成国家标准的情况，在转换至国家标准时应注意以下几点：

1. 单元网格（GB/T 30428.1—2013）

在执行行业标准的数字城管系统中，单元网格数据属性表中的标识码为 14 位，现行国家标准的标识码为 15 位。按照国家标准要求进行调整，只需在单元网格顺序码之前加 0 补足 3 位，即可满足国家标准要求。需要注意的是，这种修改不仅是调整单元网格属性表中的标识码，还需要相应修改部件和事件属性表中"所在单元网格"属性项，以及其他与单元网格标识码使用相关的地方，这样才能保证数据的一致性。

为避免数字城管数据库升级对系统正常运行造成不利影响，建议在单元网格、地理编码、部件数据普查更新时集中按国家标准进行数据库升级工作，要求普查单位按照国家标准规定，提交相关数据成果；系统承建商在数据入库更新时，完成原有系统中相关数据的修改和更新。

2. 部件和事件（GB/T 30428.2—2013）

《数字化城市管理信息系统　第 2 部分：管理部件和事件》（GB/T 30428.2—2013）于 2014 年正式实施，此前按照行业标准建设的管理部件和事件数据库，应按照国家标准对数据库进行重新调整。部件、事件分类代码调整，是一项繁杂且重要的系统性工作，既涉及部件标识码、部件数据和案件数据变更，又需要市、区（县市）同步进行、统一修改。因此，应科学分工，各负其责，协调配合，同步推进，扎扎实实地做好部件、事件分类代码调整工作。

国家标准相较行业标准，事件分类的大类没有变化，只是根据管理需要，在相应的大类中扩充了部分小类，同时把部分不易归类的事项按照小类排序列入其他事件类，使其他事件大类中增加了 5 个小类。分类调整情况见表 3-12。

行业标准与国家标准事件分类对照　　　　　　　　　　　表 3-12

	行业标准个数	删除	新增	移入	移出	国家标准个数
01 市容环境	18	—	5	5	—	38
02 宣传广告	5	1	3	—	—	7
03 施工管理	5	—	7	—	—	12
04 街面秩序	13	—	2	—	5	10
05 突发事件	9	—	2	—	—	11
06 其他事件	—	—	5	—	—	5
合计	50	1	34	5	5	83

从行业标准升国家标准，有 5 个小类所属大类从街面秩序调整为市容环境，宣传广告大类下有 2 个小类进行了合并，见表 3-13。

行业标准		国家标准	
大类	小类	大类	小类
05 街面秩序	07 乱堆物堆料	01 市容环境	36 乱堆物堆料
	08 商业噪音		28 商业噪音
	10 露天烧烤		29 露天烧烤
	11 沿街晾挂		07 沿街晾挂
	13 空调室外机低挂		09 空调室外机低挂
02 宣传广告	02 违章张贴悬挂广告牌匾	02 宣传广告	07 违规标语宣传品

在从执行行业标准上升至执行国家标准时，部件和事件的分类代码调整工作应把握以下 3 点：

（1）国家标准规定"部件和事件的大类不得扩展"。因此，已经扩展大类的应取消，所包含的小类应归类到国家标准规定的相应大类中。

（2）国家标准规定"80～99 用于扩充的小类，而且采用倒排方式进行编排"。因此，扩展的小类也应重新编码。

（3）对于一个代码拆分成几个代码的情况，应酌情处理，例如立杆，应细分为电力立杆、通信立杆、公交立杆、特殊立杆和不明立杆等。

3. 立案、处置和结案部件和事件（CJ/T 315—2009）

国家标准《数字化城市管理信息系统　第 8 部分：立案、处置和结案》（GB/T 30428.8—20××）已于 2019 年 5 月形成报批稿。已采用行业标准进行案件分类的应关注相关调整规定，尽快完成由行业标准向国家标准的升级。鉴于国家标准《数字化城市管理信息系统　第 2 部分：管理部件和事件》（GB/T 30428.2—2013），已经发布实施，且行业标准《城市市政综合监管信息系统　管理部件和事件分类、编码及数据要求》（CJ/T 214—2007）已于 2016 年公告废止，因此在进行案件分类时，应按国家标准执行。在该标准附录 A 中各小类案件亦应按照《数字化城市管理信息系统　第 2 部分：管理部件和事件》（GB/T 30428.2—2013）调整代码。其中新增加的小类，各地要根据当地管理状况，补充其立案、结案条件，同时规定完成时限。

3.4.3　标准的宣贯

1. 标准宣贯的意义

数字城管在全国许多城市的成功运行，使其由"新生事物"变为"新常态"，成为新时代我国城市管理的主导模式。数字城管的终极目的，是实现城市管理的标准化、信息化和精细化，建成城市管理长效机制，达到"干净、整洁、有序"的城市管理目标。数字城管标准的编制则是以标准化的先进理论，助力管理体制机制创新，指导高新技术开发应用，最大限度地发挥标准化的潜能和作用，促进数字城管在广度和深度上可持续发展。因此，不断加强标准的宣贯对于改善数字城管建设运行质量、提高输出功率水平具有重要意义。

2. 标准宣贯的实施

（1）标准宣贯培训的组织

各级城市管理行业主管部门应加强对数字城管标准宣贯工作的规划、组织和指导，充分发挥行业社团组织、相关培训机构、专家团队和数字城管先进城市的组织协调、专业指导以及典型示范作用，有计划、有重点、分层次地做好数字城管系列标准的宣贯工作。

（2）标准宣贯培训的内容

当前数字城管培训的主要内容：探讨数字城管的基本理论和发展取向；介绍数字城管标准体系的发展沿革、结构、内涵及对规范数字城管健康发展的作用及意义；解读数字城管系列标准规范；研讨数字城管与"3+1"新城市管理体制的关系；总结推广数字城管节约建设、高效运行的经验做法；探索数字城管向智慧化升级的方向、重点和措施；研究数字城管在实现城市管理"干净、整洁、有序"目标中的地位及作用，等等。

（3）标准宣贯培训的方式

数字城管培训应多层次、多渠道和多形式进行。各级城市管理主管部门和数字城管实施机构均有责任组织标准宣贯；可以采用举办培训班、点对点对标考察学习、现场教学、组织岗位练兵和专项业务考核等多种方法；应结合地方实际有计划、有重点地进行培训；宜组织不同层级培训，实行分类指导。

（4）标准宣贯培训的对象

数字城管培训的主要对象是各地城市管理部门，市政公用、市容环卫、园林绿化行业管理部门，城市管理行政执法部门，数字城管监督指挥中心、数字城管部件事件责任主体部门、数字城管信息采集机构、数字城管软硬件研发单位及系统平台承建商等相关单位的负责人及工作人员应积极参加标准宣贯，深入理解标准内涵，深化标准应用，不断提升数字城管的建设和运行水平，推进城市管理质量效率全面提高。

3.4.4　其他问题

1. 管理规范和指挥手册的编制及使用

凡实行数字城管的城市都要通过编制《数字化城市管理部件、事件管理规范》和《数字化城市管理监督指挥手册》，构建以处置职责确定、处置时限精准和处置结果规范为核心内容的城市管理问题处置执行的制度体系，这是保障数字城管发挥实效、健康运行的基础。规范和手册内容应包括案件名称、类型、立结案条件、各阶段的对应工作完成时间以及法律法规依据等。特别是应落实每个小类案件的处置专业部门，真正做到"事事有人管"。手册示例参见"3.1.3 中的表 3.3～表 3.5"。关于立案、处置、结案与专业部门等的说明参见"3.3.2　立案、处置和结案"，并关注国家标准《数字化城市管理信息系统　第 8 部分：立案、处置和结案》（GB/T 30428.8—20××）的实施时间及其与行业标准的异同。

2. 逐步提高巡查区域等级及巡查频度

巡查区域按管理要求不同分为一级管理区域和二级管理区域，不同区域规定了不同的立案条件。随着数字城管实施范围的扩大，以及各地对城市管理工作重视程度提高，许多城市已经不再严格按照一、二类区域进行划分，全部按照最严要求对问题进行立案解决。工作时限上选择的 A 类越多越好，表明当地的管理水平和处置效率较高，也可循序渐进逐年提高 A 类时限案件的立案比例。该标准设置紧急工作时，旨在对紧急案件开通"绿色通道"，无论是业余时间还是节假日，从立案、派遣到处置必须紧急、快速处理，直至解决问题为止。如井盖缺失、煤气管道泄漏、自来水管破裂、路面塌陷等部、事件问题，是危害人民生命财产安全的重大隐患，易产生严重的后果，必须紧急处置。

巡查频度。以全球卫星导航定位系统（GNSS）记录的运动轨迹为依据，一般规定一班（8h 内）的巡查频度为 3 次～5 次。

第4章 标准应用与系统建设

数字城管系列标准是实施数字城管建设的指导和规范文件，具有较强的通用性与普适性。各地应在标准规范指导下，紧密结合实际，建设具有本地特色的数字城管系统。本章以数字城管标准体系为准则，结合《数字化城市管理模式建设导则（试行）》（建城〔2009〕119 号）要求，介绍数字城管标准应用与系统建设的相关内容，包括建设原则、实施内容、组织建设、制度建设、前期准备、系统建设、系统试运行、系统验收以及运行维护等内容。

4.1 建设原则

数字城管建设应遵循"以人为本、改革创新、依法治理、社会参与、精细管理、源头治理"等基本原则。

1. 坚持以人为本

牢固树立为人民管理城市的理念，以满足人民群众需求为中心，强化服务意识，落实惠民措施，切实解决人民群众最关切、最现实的问题，突出人性化管理、文明执法、热情服务，让人民群众共享城市管理服务成果。

2. 坚持改革创新

不断适应城市管理体制改革创新的新形势、新要求，推进市区（县市）街（乡镇）社区（村）协调共管、城市与农村协调共治，构建起符合现代城市发展规律的城市综合管理服务体制机制。

3. 坚持依法治理

增强法治引领意识，推进城市管理立法，着力构建城市管理法治体系。严格依法行政，完善执法制度，改进执法方式，提高执法素养，提高城管执法效能。

4. 坚持社会参与

积极培育城市综合管理服务体系中的多元主体，吸引社会力量和社会资本参与城市管理，推动城市管理和服务的专业化、市场化、社会化。建立公众有序参与城市治理的渠道，逐步形成全民参与、共创共享的城市治理新格局。

5. 坚持精细管理

强化精细化管理理念，发扬工匠精神，推进城市管理对象、管理制度、管理手段、管理职责、考核评价的精细化，加快城市管理由突击粗放性向常态精细化转变。积极推进数字城管智慧化升级，提升城市管理和服务能力，实现"干净、整洁、有序"的城市管理目标。

6. 坚持源头治理

增强城市规划、建设、管理的科学性、系统性和协调性，综合考虑公共秩序管理和群众生产生活需要，合理安排各类公共设施和空间布局，加强对城市建设、管理实施情况的评估和反馈，运用大数据技术，科学研判城市管理问题的成因与源头，有的放矢地采取对策，变末端执法为源头治理，推动城市管理工作迈上新台阶。

4.2 实施内容

数字城管建设包括组织建设、制度建设、前期准备、数据建设、系统建设、系统试运行、系统验收和运行维护等内容，各地应先易后难、循序渐进、分步实施。实施内容见表4-1。

实施内容   表 4-1

阶段	序号	工作内容	主要任务
组织机构建设	1	成立领导小组	成立数字城管建设领导小组及办公室，明确项目负责人
	2	成立监督指挥中心	确定编制级别、职能、人员
			建立中心管理架构及内部机构，确定岗位职责
			确定中心工作人员分工及组织业务培训
	3	建立管理体系	通过调研确定数字城管体系的相关专业部门（单位）、明确责任，并由政府颁发文件予以确认
	4	组建专职队伍	组建数字城管信息采集队伍并组织培训
			招聘中心受理员、值班长、派遣员等人员并组织培训
制度建设	5	编制《数字城管部件事件管理规范》、《数字城管监督指挥手册》	框定各管理对象的责任主体；制定案件立案、处置与结案标准；制定信息采集质量评价标准
	6	制定工作考核办法	制定数字城管综合绩效考核办法，明确各类考核对象绩效评价的基本要求
	7	确定组织模式和业务流程	结合实际，确定数字城管组织模式和业务流程
前期准备	8	前期调研	包括数字城管业务需求、数据普查范围、业务流程以及协同专业部门等，确定数字城管系统建设的主要内容
	9	项目立项	编制项目建议书，报送地方信息化项目审批部门
			编制项目可研报告，报送地方信息化项目审批部门立项
			编制项目建设方案，为招标文件提供基础需求
	10	确定承建方	通过招标确定项目承建方
	11	确定监理方	通过招标确定监理单位
数据建设	12	数据普查	完成基础数据、地理编码数据、部事件数据普查，完成网格划分
	13	数据更新	建立数据更新机制，及时更新系统中的各种地理空间数据
系统建设	14	明确建设方式	明确采用集中式或分布式建设方式；可以选择租赁建设方式；也可以采用云计算中心建设方式
	15	应用系统	完成基本子系统与扩展子系统设计开发
	16	系统运行环境	完成系统运行环境建设、"城管通"等设备采购
	17	办公场地建设	根据实际确定办公场地建设内容；包括呼叫中心大厅及办公用房修缮、机房建设、显示系统、配套办公设备采购安装等
系统试运行	18	人员培训	完成系统各环节工作人员的业务培训与岗位实操
	19	系统联调	完成网络、软硬件系统调试，可由第三方机构对系统应用软件进行测评
	20	系统试运行	出具试运行报告，对存在问题进行整改
	21	系统上线	完成试运行，进入正式运行阶段

阶段	序号	工作内容	主要任务
系统 验收	22	预验收	整理文档、对照标准、组织专家预验收
	23	正式验收	按国家验收标准，组织专家进行正式验收
运行 维护	24	系统日常维护	建立运维机构、制定运维工作制度
	25	系统调整和更新	结合业务需要，调整软件功能与业务流程

4.3　组织体系建设

4.3.1　成立领导小组

为加强数字城管项目建设和运行管理的领导，建设方应成立数字城管工作领导小组。其主要职责是负责决定项目重大事项，包括确定数字城管体制机制、项目组成员调整、落实项目建设资金、协调项目各相关单位的关系、听取项目建设情况并研究解决存在的疑难问题，等等。领导小组建议由政府办、发改、财政、公安、住建、城管、信息化等相关部门以及相关区域负责人组成，领导小组组长建议由政府主要领导或分管领导担任。领导小组下设办公室，具体负责项目建设运行的日常管理、协调和推进工作。领导小组办公室主任、副主任建议由政府办分管主任和城管局（委）主要负责人担任。

4.3.2　成立监督指挥中心

建设方应成立数字城管监督指挥中心，其机构性质、行政规格、职能岗位及人员编制等由地方编制部门确定。中心应设立内部机构，确定岗位职责。一般可设置监督考评、运行协调、技术保障、办公室等职能科（处）室，以及受理员、派遣员、值班长等岗位，并根据实际需要，配备工作人员。

监督指挥中心的主要职责是，具体负责本地数字城管系统规划、建设、实施和运行管理工作；负责对城市管理部件、事件问题的立案审核、派遣督办、结案归档工作；负责协调解决监管区域内综合性、跨区域、跨部门的疑难复杂城市管理部件和事件问题；负责对数字城管各责任主体的履职情况进行考核评价；负责数字城管系统各岗位人员的业务培训工作；负责受理以"12319"城管服务热线电话为代表的多种社会监督渠道反映的城市管理问题，并做好交办、跟踪和考核评价工作。

4.3.3　成立专家组

建设方宜成立数字城管专家组，一般由软硬件、网络工程、数据分析等工程技术专家以及城市管理各行业专家组成。专家组应在数字城管系统的规划、建设、运维等各个阶段，给予应用技术和管理技术保障，保证数字城管系统建设运行的科学性、合理性和可持续性。

4.3.4　建立管理体系

建设方应按照《数字化城市管理信息系统　第 2 部分：管理部件和事件》（GB/T

30428.2—2013)，以城市管理部件、事件问题的相关责任部门为主体，搭建数字城管综合管理服务体系，包括公安、自然资源、生态资源、住建、市场监管、城管、经信、民政、水利、林业等政府部门；给水排水、燃气、公交、路桥、热力等公共事业部门；移动、联通、电信、广电、铁通等通信运营商；数字城管覆盖区域内的地方政府及派出机构，等等。相关责任主体部门的主要职责是按照城市部件、事件处置标准，在规定时间内对问题进行处置解决。各地数字城管综合管理服务体系应根据实际情况设置，并由地方政府颁发文件予以确认。

4.3.5　组建专职队伍

建设方应组建与本地需求相适应的专职队伍，其人员数量可根据业务总量合理配备。专职队伍主要包括监督员、受理员、值班长、派遣员等角色。

1. 监督员

监督员是信息采集公司组成人员，主要负责发现、上报城市管理问题信息；对社会公众举报的城市管理问题进行核实；对已经处置完成的城市管理问题进行核查。监督员队伍应由专职人员组成，人员数量视监管面积、工作时间、巡查频率等因素决定。

信息采集队伍有自行组建、授权某单位和委托信息采集公司三种组建方式。十几年的实践经验表明，采用市场化运作的"委托信息采集公司"是一种较为理想的信息采集公司组建方式。政府通过购买服务方式，一是从机制上体现了"监管分离"原则；二是可以理顺员工的劳动合同关系问题；三是通过依法建立契约关系，保证获取的城市管理问题信息全面、公正、客观、及时。

2. 受理员

受理员是监督指挥中心工作人员，主要负责受理监督员、社会公众、各类媒体、各级领导等通过多种方式和渠道传递的城市管理部件、事件问题信息，并予以审核、立案、批转、结案等工作。

3. 值班长

值班长是监督指挥中心工作人员，主要负责对受理员不能准确判断可否立案或结案的城管问题或案件进行最终决定和仲裁；对重大、疑难、突发性紧急问题和案件的办理；具有受理员的全部职权，并对受理员日常工作进行管理和考评。

4. 派遣员

派遣员是监督指挥中心工作人员，主要负责将批转来的城市管理案卷派遣到相应的专业处置部门，并对案件的办理情况进行督查和反馈。

派遣员队伍，一般采用由人力资源管理部门实行"劳务派遣"方式组建，实践中也可以采取派驻派遣员模式，即从城区政府或数字城管主要协同部门选派人员进驻指挥中心，由其负责牵头组织对本城区或本部门的数字城管案件的处置工作，以减少推诿扯皮现象，提高案件处置效率。

4.4　制度体系建设

数字城管制度体系，是保障系统节约建设、高效运行的关键，各地应严格遵循数字城管标准，结合实际制定完善的组织模式、业务流程、信息采集质量评价、立结案标准、考核办法等制度。制度体系建设依据的相关标准见表 4-2。

制度体系建设依据的相关标准

表 4-2

标准编号	标准名称
GB/T 30428.2—2013	数字化城市管理信息系统　第 2 部分：管理部件和事件
GB/T 30428.4—2016	数字化城市管理信息系统　第 4 部分：绩效评价
GB/T 30428.7—2017	数字化城市管理信息系统　第 7 部分：监管信息采集
CJJ/T 106—2010	城市市政综合监管信息系统　技术规范
CJ/T 315—2009	城市市政综合监管信息系统　城市管理部件事件立案、处置和结案

4.4.1　制定信息采集质量评价标准

建设方应按照《数字化城市管理信息系统　第 7 部分：监管信息采集》(GB/T 30428.7—2017) 规定，结合实际情况，制定《信息采集质量评价标准》，明确岗位评价指标，包括结果指标、过程指标、诚信指标、评价办法和奖惩规则等内容，切实加强对信息采集公司和信息采集监督员的管理考核，促进信息采集公司和监督员尽职履责。详见本书"3.3.1　监管信息采集"标准解析。

4.4.2　制定案件立案、处置与结案标准

建设方应按照《数字化城市管理信息系统　第 2 部分：管理部件和事件》(GB/T 30428.2—2013) 及《城市市政综合监管信息系统　城市管理部件事件立案、处置和结案》(CJ/T 315—2009) 规定，结合实际情况，制定本地《数字城管部件和事件立案、处置与结案标准》，确定数字城管系统案件立案、处置与结案的分类依据、工作时限、管理要求和应用要求，详见本书"3.3.2　立案、处置和结案"标准解析。

各地在制定数字城管部件和事件立案、处置与结案标准时，应充分体现精细化管理要求，如同类案件在不同管理区域应设定差别化的立案要求、结案要求及处置时限；如可以采用规定延时案件比例并列为考核指标的办法，解决有的责任主体无节制延长案件处置时限问题，提高案件按期结案率，等等。

4.4.3　制定综合绩效考核办法

建设方应以标准化的处置结果统计数据为依据，构建对数字城管各责任主体和监督机构的考核制度体系，形成一个监督轴驱动多部门组成的处置轴，全面提升处置效率的核心动力机制。应按照《数字化城市管理信息系统　第 4 部分：绩效评价》(GB/T 30428.4—2016)，结合实际制定《数字城管综合绩效考核办法》，明确对各类考评对象进行绩效评价的基本要求、评价对象、评价周期、评价指标、评价方法、评价实施与保障等内容。详见本书"3.3.3　绩效评价"标准解析。

绩效评价结果应纳入各级政府的绩效考核、行政效能监察考核指标体系，成为对相关部门及其主要领导政绩考核的组成部分，提升数字城管考评工作的权威性。考核结果也可以用于省、市数字城管系统评优评先，还可以将考核结果每月通报市主要领导，抄送相关

区域和部门（单位）负责人，并通过一定渠道向各专业部门和社会公众公布。

4.4.4 确定组织模式和业务流程

1. 择定组织模式

建设方应根据城市的行政级别、规模、职能部门设置等实际情况，在"一级监督，一级指挥；一级监督，两级指挥；两级监督，两级指挥"三种组织模式中选择一种。三种组织模式的适用场景详见本书"2.1 组织模式"说明。

2. 确定业务流程

建设方应按照《城市市政综合监管信息系统 技术规范》（CJJ/T 106—2010）规定建立包括信息采集、案件建立、任务派遣、任务处理、处理反馈、核查结案和综合评价 7 个阶段的业务流程，详见本书"2.1.2 业务流程"说明。

数字城管业务流程是处置城市管理问题的基本流程，在实践中，各地应以"第一时间发现问题、第一时间解决问题"为目的，创新拓展辅助业务流程，以提升数字城管案件的处置质量与效率。

（1）轻微问题处置流程

信息采集监督员在巡查中发现管理部件、事件轻微城市管理问题，即通过"举手之劳"可以解决或消除的问题，宜自行处置。属于管理部件、事件轻微问题一般可包括：

1）塑料或其他轻型材质且较易恢复原状的交通护栏、隔离墩、绿化护栏倒伏、歪斜；

2）果皮箱、垃圾箱（房）门未关；

3）果皮箱、垃圾箱（房）外存在的少量袋装生活垃圾；

4）交接箱（电力交接箱除外）门未关；

5）少量的非法张贴小广告；

6）重量较轻且井盖在井圈边的井盖移位；

7）距地面较低且无破损的公益横幅、商业彩旗卷曲；

8）距地面较低且能够认定枯死的小条树枝挂落；

9）其他管理部件、事件方面的轻微问题，等等。

信息采集监督员处置的轻微城市管理问题，可作为专项信息按月上报监督指挥中心备案，专项信息中应包括处置轻微问题的时间、地点、数量以及类别。

（2）"代整治"流程

对于在数字城管监管过程中出现的、由于诸多因素导致的、暂时无法或无责任部门解决的且可能危害人民群众安全和利益的管理部件问题，可进入"代整治"流程，即采用"先解决问题、后落实经费"的方式，选择某个部门或单位对此类问题予以"兜底"先行整治。该流程需要地方政府认可并建立相关处置费用评估和资金来源机制予以保障。

（3）快速整治流程

对于在数字城管监管过程中出现的突发事件、重大事件，需要各相关承办单位紧急处理、快速处置时，监督指挥中心可以启动快速整治流程。进入快速整治流程案件的相关处置单位，应第一时间赶赴现场处置问题，时间不得超出同类案件的最短处置时限。对于超出处置时限的紧急问题，系统可形成针对性地统计数据，为考核评价提供依据。

4.5　前期准备

根据信息化项目建设的相关规定及一般规律，数字城管系统建设的前期准备工作一般应包括前期调研、编制系统项目建议书、编制系统建设可行性研究报告、编制系统建设方案、确定建设方式等步骤。在实际工作中，应结合当地信息化建设主管部门的要求，做好前期准备工作。

4.5.1　前期调研

为确保项目顺利立项，建设方应组织进行深入细致的调查研究工作，调研的主要内容包括以下几个方面：

1. 框定管理需求

根据本地城市管理实际，调查纳入数字城管的管理范围，以及纳入数字城管综合管理服务体系的责任部门数量等内容。按照数字城管系统建设的基本要求，提出设立数字城管实施机构、选择组织模式、建立综合绩效考评体系、组建信息采集等专业队伍等的备选方案。在全面梳理并认真分析研究建设需求的基础上，初步描述出具有地方特色的"系统基本结构框架图"，作为编制建设方案的基本依据。

2. 弄清基础数据

调查数字城管拟覆盖区域的面积，认真分析监管区域面积构成，初步划清建成区域面积、覆盖区域面积及信息采集区域面积，为运行阶段的信息采集基价测算和相关数据分析准备基础性资料。应了解该区域内问题处置单位的管理对象的基本情况，初步估算其运行业务量，为选择网络传输方式和网络带宽提供依据。应全面调查了解本地基础地理空间数据建设资源状况，为数字城管数据建设奠定基础，等等。

3. 分析网络环境

网络是数字城管系统链接上下左右的命脉，故应充分调研分析本地包括有线网络和无线网络在内的网络资源状况，尤其应研判其功率强度和网络覆盖情况，以备选符合数字城管系统运行要求的有线、无线通信运营商。同时调查各问题处置单位的网络联通情况，尤其是当地电子政务网的覆盖情况，在分析研究的基础上，有针对性的提出网络架构、各层级的网络带宽的建议方案，以保证数字城管系统网络运行畅通。

4.5.2　编制系统建设项目建议书

建设方应组织编制数字城管系统建设项目建议书，提出系统建设的框架性总体设想，并报送本地信息化项目审批部门审查。项目建议书的主要内容包括：

1. 提出项目背景

应描述数字城管项目建设相关的法规政策、管理要求、技术要求等相关背景，充分阐述项目的建设重要性、必要性、可行性，以及项目建成后的预期建设目标。

2. 描述主要需求

基于前期调研成果，阐述数字城管现状，包括运行系统、基础数据、网络环境、人员、设备配备等内容，并详细描述系统建设的功能性需求以及非功能性需求。

3. 分析基本可行性

提出数字城管系统建设框架方案，概要阐述数字城管系统功能设计要点、拟建设的工作场地及机房设计要点，以及需要采购的软硬件设施数量等内容。

4. 编制项目预算

描述项目建设总体概算，包括硬件设备采购费、软件费用、系统集成费、施工费、咨询设计费、专家评审费、不可预见费等等，提出项目建设资金来源建议。

4.5.3 编制系统建设可行性研究报告

待项目审批部门对项目建议书审查同意后，建设方应选择具有相关资质的单位编制《数字城管系统建设可行性研究报告》，对数字城管系统建设项目的需求进行细化，综合论证项目建设的必要性、可行性、经济合理性、技术先进性和适用性，并需要编制项目投资概算表，对其经济效益和社会效益进行分析研究，测算投入产出比。《数字城管系统建设可行性研究报告》应组织专家进行评审。

4.5.4 编制系统建设方案

建设方应依据项目审批部门对《系统建设可行性研究报告》的批复，编制《数字城管系统建设方案》，对项目建设的具体内容、建设方式、经费概算及建设计划等进行细化，用于指导整个项目建设。主要有以下几方面：

1. 建设内容

建设内容应包括管理模式建设和系统平台建设两部分。应将各方面建设内容予以系统化、具体化，逐项列出解决方案。

2. 解决方案

解决方案包括两个方面，一是编制管理模式解决方案，对数字城管的组织模式、实施机构、队伍建设、制度体系建设等关键问题，提出建设性解决方案。另一方面编制系统平台解决方案，详细阐述数字城管系统业务流程，技术路线，系统架构，软硬件功能性能、规格、数量，工作场地、机房设计图纸以及数据普查范围等各个建设环节的技术实现形式和方法。

3. 实施计划

项目实施计划应由建设方与承建方会商决定，应按照项目全生命周期分阶段全面展开。宜分为管理模式建设和系统平台建设两个板块，统一计划，分工负责，协同配合，同步推进。两个板块的建设，都应明确建设内容、工作任务、责任人、建设周期和时间节点，并据此倒排工期，制订分阶段的形象进度计划任务书，由建设方、承建方分别遵照执行。项目监理公司以此为依据，制订监理工作计划，对项目工程进行全程监理。

4. 建设资金

应对项目建设资金进行详细测算，包括：软件开发费用（含接入和部署费用等）、硬件采购费用（信息采集设备、服务器、交换机、显示器等）、工作场地建设及修缮费用、项目集成费用、项目咨询费用、系统运维费用及不可预见费用等等。

4.5.5 项目招标

建设方应依据经审批的《项目可行性研究报告》中确定建设内容，根据相关法律法规申请或组织政府招标采购，以招聘具有相应资质和能力的中标单位。

数字城管系统项目建设内容包含数据建设、软件开发、硬件集成、运行环境、工作场地修缮等多个分项，技术复杂，内容繁多，需要由不同的专业单位承担承建工程，因此应招聘具有相当集成能力与协调能力集成商，承担整个项目中各分项的集成工作。

4.5.6 监理招标

建设方应按照国家法律法规和信息系统工程监理的有关规定，通过公开招标方式，招聘具有信息系统工程相应监理资质的工程监理单位，对项目建设进行工程监理。

4.6 系统建设

本节主要对数字城管的系统平台建设，包括系统平台架构选择、数据中心建设、应用系统建设、系统运行环境建设、工作场地建设等予以说明。系统平台建设相关标准见表 4-3。

系统平台建设相关标准 表 4-3

标准编号	标准名称
GB/T 2887—2011	计算机场地通用规范
GB/T 9361—2011	计算机场地安全要求
GB/T 30428.6—2017	数字化城市管理信息系统　第 6 部分：验收
GB 50174—2017	数据中心设计规范

4.6.1 系统平台建设

数字城管系统建设方式包括集中式和分布式两种，各地可根据实际情况选择其中一种。

1. 集中式建设方式

集中式建设模式，即市级平台和所辖的区（县市）级平台采用统一软硬件平台和应用系统，共同投资建设，实现网络互联、协同办公。集中式建设的系统平台，其系统的业务数据、GIS 数据、系统数据等集中存储在市级平台，通过业务平台进行统一管理和配置，以服务方式向各个区（县市）发布相对独立的业务系统，满足各区（县市）的定制需求，从而达到系统与管理既统一又独立的目的。

采用集中式建设方式，各区（县市）可共享市级平台软硬件资源，可以缩短建设周期，降低行政成本，减少建设和运行维护投资。同时，将软硬件环境与应用系统集中在一个平台上，有利于实行统一管理、统一标准、统一调配、统一维护、统一考评，为实现数字城管系统市县一体化乃至国家、省、市、县四级联网奠定技术基础。

2. 分布式建设方式

分布式建设方式，对于具有自主建设系统平台需求，且具备相当经济实力的区（县市），可以依据数字城管标准规范，按照市级数字城管监督指挥中心对分布系统平台架构的相关要求进行自主建设。自主建设的数字城管系统平台应包括数据库建设、软硬件运行环境建设、应用系统建设、网络系统建设、安全保障体系建设等内容。

采用分布式建设的区（县市）级系统平台，应与市级平台实现网络互联和系统案卷、人员状态实时同步。

4.6.2　数据库建设

数据是系统运行的核心，数字城管数据及数据库建设，实现对数字城管基础数据、地理空间数据、业务数据、专题数据等信息资源的集中管理，以确保数据资源的安全性、准确性、高效性，是数字城管建设的重要组成部分，应遵循相关标准规范，建设数据交换共享平台，加强信息资源整合，消除"信息孤岛"，实现城市管理数据在区域之间、部门之间的互联、互通和共享。

1. 基础数据库

基础数据主要包括人员、组织机构、许可证、管理部件事件等信息，是为上层应用提供统一支撑的数据。部件普查的具体内容详见本书"2.4　系统数据建设"说明。

2. 地理空间数据库

地理空间数据包括地理空间框架数据、单元网格数据、部件和事件数据、地理编码数据等等。地理空间数据宜采用三维实景影像数据，通过三维地图与业务应用的有机结合，为构建数字城管二、三维数据融合的可视化系统提供支撑。具体内容详见本书"2.4　系统数据建设"。在实施中应注意以下问题：

（1）地理空间数据应按时进行更新。更新后的数据质量应不低于原有数据的质量，数据更新宜与城市基础地理信息数据的更新同步进行，对变化大的区域，应及时进行更新。当监管区域的单元网格发生变动时，应随时更新单元网格数据。更新后的各类地理空间数据，应进行质量检查验收。数据更新后，应及时对相应的数据库进行更新和维护。

（2）部件数据具有很强的时效性，应定期进行更新。因大规模普查费用较高，故普查频率应该根据当地城市建设发展及数据变化情况确定。应建立部件日常更新维护机制，当监督员在监管巡查中发现新的部件、普查中遗漏的部件以及位置或属性发生变化的部件时，应报告相关部门。相关部门经核实后，应对这些部件数据及时进行更新，并同步更新地理编码数据。

3. 业务数据库

业务数据库包括案件数据、流程数据、结果数据、绩效评价数据、多媒体数据等。具体内容详见本书"2.4系统数据建设"说明。

4. 专业数据库

专业数据库主要包括市政公用、市容环卫、园林绿化、城管执法等行业的专题数据。通过专题数据库建设，实现与数字城管系统基础数据库、业务数据库的互联互通、数据交换与资源集约化利用，为进行跨行业、跨部门的大数据分析、强化行业监管提供数据支撑。

4.6.3　应用系统建设

按照《数字化城市管理信息系统　第6部分：验收》（GB/T30428.6—2017）规定，建设数字城管九个基本子系统，包括监管数据无线采集、监督中心受理、协同工作、地理编码、监督指挥、综合评价、应用维护、基础数据资源管理和数据交换子系统。

各地可根据实际管理需求，以数字城管平台为载体，扩展建设行业监管应用系统，向包括市政公用、市容环卫、园林绿化、城管执法、应急管理等在内的城市管理服务广度和深度拓展延伸。应不断完善城市管理信息化平台基础建设，积极运用移动互联网、物联网、云计算、大数据、人工智能等新信息技术，推进城市管理行业监管的智慧化升级，全面提升城市管理的科学化、智能化、精细化水平。

九个基本应用子系统及拓展子系统的具体内容，详见本书"2.3　系统功能"说明。

4.6.4　运行环境建设

系统运行环境包括机房、网络、服务器、显示设备、存储及备份设备、安全设备、呼叫中心、操作系统、数据库及地理信息系统平台软件等。

系统运行环境建设，应充分整合共享利用当地电子政务云和电子政务网等信息化资源，以节约建设成本，为未来数字城管系统业务的平滑扩展奠定基础。同时，积极促进跨地区、跨部门、跨层级数据资源共享，避免"数据孤岛"的产生。具备条件的城市，可以将基础电子地图和地理信息数据通过所在城市的公共地理信息平台实现共享。

应建设统一的"12319"城管服务热线。采用分布式建设的城市，应建设市级统一的"12319"城管服务热线受理工作机制，按照市级受理、分类分级派遣处置的模式进行建设和运行管理，以利于统一管理、统一标准、统一考评。城管服务热线要与数字城管系统实现互联互通、无缝对接。"12319"城管服务热线宜与"12345"市长热线、"110"公安报警热线对接共享，并积极实现与各类主流网站、客户端互联互通。系统运行环境建设的具体内容，详见本书"2.5　系统运行环境"说明。

4.6.5　工作场地建设

工作场地建设是数字城管建设的一项重要基础内容。其建设内容主要包括呼叫中心大厅、机房和配套办公用房的建设修缮、综合布线工程、门禁系统、监控系统、消防系统、防雷电系统、新风系统、视频及音响系统、控制台及机柜机架安装、配套办公设备采购安装等等。

1. 呼叫中心大厅

呼叫中心大厅建设包括显示设备、工作人员坐席、观摩席等，为不影响正常工作，观摩席与工作人员坐席之间宜予物理分隔。各地可根据实际情况确定大厅面积和设施配置。详见本书"2.5.6　呼叫中心"说明。

2. 显示设备

呼叫中心大厅应设置显示设备，便于工作人员清楚观察城市管理的状况和相关信息。显示系统应通过网络接入数字城管平台，实现资源共享和远程指挥。显示设备可根据本地实际需要和经济条件，在显示屏（俗称大屏幕）、显示器（监视器或电视机）、投影仪、计算机终端等显示设备中择定，也可以共享城市应急指挥系统大屏幕。详见本书"2.2.5 显示设备"说明。

3. 办公场地

办公场地主要是办公室和会议室。各地可根据实际情况进行规划和建设。

4. 机房

机房建设应依据《数据中心设计规范》（GB 50174—2017）、《计算机场地通用规范》（GB/T 2887—2011）、《计算机场地安全要求》（GB/T 9361—2011）等相关标准。机房建设应包括机房修缮、综合布线、屏蔽、防静电系统（屏蔽网、防静电地板等）、防雷接地系统、保安系统（防盗报警、监控、门禁）、专业空调通风系统、网络设备放置（机柜、机架等）、照明及应急照明系统、UPS配电系统等内容。详见本书"2.5.2 传统自建机房运行环境"说明。

4.7 系统试运行

4.7.1 人员培训

为保证数字城管监督指挥中心及相关责任主体部门的管理人员、操作人员和维护人员掌握系统运行环境相关知识，具备实际操作技能，胜任日常业务操作及维护工作，提高系统的使用效果，建设方应组织参与建设的相关单位编制数字城管系列培训教材，包括《数字城管制度汇编》、《各岗位用户培训手册》、《监督员培训手册》、《系统管理员培训手册》、《坐席员文明用语》等等，在此基础上，安排专家和工程技术人员有计划、分步骤地搞好系列培训活动。

4.7.2 系统联调

建设方在系统建设项目竣工投入试运行前，应责成承建集成商、监理公司组织参与建设各单位对系统平台的硬件软件运行环境及运行网络进行联调测试。主要包括真实运行环境下的软硬件功能测试、系统性能压力测试、稳定性测试和安全保密测试等。

4.7.3 系统试运行

经过系统联合调试，确认系统运行环境稳定、技术路线正确可靠后，即可以上线试运行。建设方应组织监理公司和系统建设的各承建单位、市、区（县市）数字城管监督指挥中心、相关责任主体部门共同参与系统运行。试运行应在真实运行环境中进行，按照数字城管业务流程的7个阶段，业务化、全要素、全流程地验证系统各部分、各环节性能、功能运行状况。系统试运行情况应由监理公司出具书面报告，内容包括试运行情况整体评价、存在问题及责任单位、问题整改措施及完成期限等等。待问题全部整改后即可投入正式运行。

4.8 系统验收

数字城管系统建成并经过试运行后，建设方应对照数字城管验收标准对试运行中发现的问题进行自查自纠，在此基础上，向上级行业主管部门申报进入系统验收程序。系统验收相关标准见表4-4。

系统验收相关标准 表4-4

标准编号	标准名称
GB/T 15532—2008	计算机软件测试规范
GB/T 28035—2011	软件系统验收规范
GB/T 30428.6—2017	数字化城市管理信息系统　第6部分　验收

4.8.1　验收基本条件

验收应符合下列基本条件：

（1）根据城市管理需求，建立了相应的组织模式；

（2）建立了独立的实施城市管理监督、指挥、协调和评价的机构；

（3）制定了监督、指挥、处置和考核制度，并形成了城市管理长效机制；

（4）建立了与城市监管范围和监管工作量相适应的监督员、受理员、派遣员等专业队伍；

（5）具有完整覆盖监管范围、符合质量要求的地理空间框架、单元网格、部件和地理编码等数据，并建立了相应的数据维护更新机制；

（6）应用系统包括监管数据无线采集、监督中心受理、协同工作、监督指挥、综合评价、地理编码、应用维护、基础数据资源管理及数据交换等基本子系统；

（7）系统连续、安全、稳定试运行超过 6 个月以上。

4.8.2　验收方式

验收应分为预验收、正式验收两个步骤进行。

1. 预验收

建设方应组织专家按照《数字化城市管理信息系统　第 6 部分：验收》（GB/T 30428.6—2017）规定的验收基本条件逐一对照检查，由专家对存在的问题提出改进意见，建设方按照改进意见进行整改，整改结果应经预验收专家审核认可。

2. 正式验收

正式验收应符合以下规定：

（1）组织专家进行验收，验收专家组成员宜不少于 7 人；

（2）按照规定程序验收，验收程序包括系统建设和运行情况汇报、系统演示、文档审阅、城市基础设施和市容环境及街面秩序实地考察、系统业务化运行现场考察及数据和案例随机抽查、专家质询等；

（3）验收专家需按验收评分标准逐项打分，综合得分 80 分（含）以上方可通过验收。

4.8.3　验收内容

验收的主要内容包括数字城管管理模式建设、地理空间数据的普查建库、应用系统建设、运行效果评价、文档资料完整性等方面。

专家组应按照标准规定形成明确、准确、完整的验收结论。验收报告的主要内容包括对管理模式、体制机制、队伍建设、地理空间数据、应用系统、运行效果和文档资料的评价意见，并给出综合得分和是否通过验收的结论。对未通过验收的，应写明存在的主要问题及整改意见或建议。

建设方应将整改工作贯穿于验收程序的全过程，认真发现和分析发生问题的原因，研究解决问题的方法，落实整改的责任单位和责任人。每次整改后都要有整改报告并整理归档。

4.9　运行维护

数字城管系统建成后，建设方应按照数字城管标准和其他相关标准规定，建立科学有效的运行管理、系统维护以及系统调整与升级机制，保证系统"能用、好用、管用"，在推进城市管理事业进步中发挥积极作用。

4.9.1 日常运行管理

日常运行管理主要包括对信息采集公司、呼叫中心大厅、协同平台、责任主体终端等进行针对性管理，建立运行情况例行分析报告制度，及时研究化解矛盾问题，保障数字城管系统稳定、长效运行。

1. 信息采集公司管理

按照标准规定建立考评指标体系，严格考核，兑现奖惩。指标至少应包括数量指标（上报有效数据量）、质量指标（漏报率、差错率、及时率、类别覆盖率）、管理指标（人员配置、人员管理、队伍稳定、用工管理、培训考核）等等。

2. 呼叫中心大厅管理

依据相关标准规范和管理制度，加强日常运行管理和岗位绩效考评，增强岗位技能，提高工作效率与质量。考评指标至少应包括受理指标（受理及时率、受理正确率）、核查指标（发送核查及时率、发送核查准确率）、结案指标（结案准确率、二次批转及时率）等等。

3. 协同平台管理

主要加强派遣、协调和督办管理。标准规定各级数字城管指挥中心或"指挥轴"负有案件的派遣、协调和督办职能。在派遣方面，应深谙各类案件的基本属性和责任主体，做到案件派遣准确、及时。在协调方面，应根据其组织模式，制订相关制度，建立案件处置协调机制，充分发挥案件处置协调枢纽作用，协调解决疑难案件，提高案件按期结案率。在督办方面，应建立督办工作规程，将所有案件置于规程管控之中，尤其是对案件处置不力的责任主体，应协调有关部门采取效能监察、领导约谈等督办手段，强化督办力度，提高案件结案率。

4. 责任主体考核

应按照标准规定加强对相关责任主体的考核。实践证明，实行"旬分析、月公示、年考核"方法效果良好，即每月将数字城管案件按期结案率排名情况通过工作通报、政府网站及其他官媒向社会公布，并将其纳入地方政府对相关区域和部门的城市管理目标责任考核指标体系。

5. 强化运行分析

应及时分析系统受理的部件事件数据，并形成分析报告。对于高发、频发且带有周期性、规律性的问题，应探索从结果管理向源头和过程管理延伸，利用大数据技术从多维度分析问题成因，并提出建设性解决方案，为有效进行源头治理提供数据依据。

4.9.2 系统维护

建设方应组建系统运维机构，制定运维工作制度，建立运维工作机制，保障系统安全、稳定运行。

1. 组建运维团队

系统投入运行后，应组建由监督指挥中心管理维护人员、项目集成商及软硬件供应商组成系统运维团队，明确各方维保责任。监督指挥中心负责系统运行维护的统一组织和协调，监督检查相关管理制度的执行情况。软硬件供应商负责定期对系统数据进行备份，在系统异常时，采取得力措施及时恢复系统正常运行；对网络设备、计算机设备、安全设备及其他相关设备进行日常维护；及时提出并做好系统应用软件升级工作。项目集成商负责协调运维过程中建设方与软硬件供应商之间的关系，搞好维保工作的协同联动，保障系统正常稳定运行。

2. 制定日常巡查制度

应制定系统运行维护管理制度，配备系统管理员，随时监测系统运行状况、数据库状况和数据备份等等。同时，应畅通系统故障受理渠道，接收故障信息后能迅速启动工作预案，及时排除故障。当出现系统运行环境或数据库故障时，能够在 24 小时内予以妥善解决。

3. 建立数据备份制度

应制定数据备份制度，建立严格的数据备份机制，根据数据类型不同，制定相应的数据备份策略，对业务数据应采用短周期、多备份的策略；对一些重要的数据要采用异地备份策略；在进行系统更新和维护时，应做好软件和数据的备份工作。

4. 建立系统安全管理制度

应按照相关标准规定，建立系统安全和数据安全管理机制，强化用户权限管理，针对不同用户在系统中需要使用的功能和内容不同，设置差异化的数据访问权限并进行严格控制。同时，应充分利用操作系统、数据库、网络设备等提供的安全管理功能，配置合适的系统安全策略。

4.9.3　系统调整和更新

建设方应根据系统运行状况和实际工作需要，及时对基础信息、部件事件数据等进行维护，并根据新技术发展和行业应用需要，及时对系统的软硬件功能和性能进行合理优化或升级改造。

1. 基础信息维护

当系统监管的责任主体的机构、人员、工作流程、工作表单、部件事件案件处置标准、单元网格、人员岗位角色等管理内容发生变化时，应及时进行调整维护，保证系统正常运行。

2. 部件数据更新

应按照标准规定建立部件更新维护机制，可以与自然资源部门的地理空间框架数据普调相一致，定期更新部件数据，也可以依据相关标准规范，在监督员使用的"城管通"中增加部件普查模块，实现部件变更信息录入、部件地点标注、照片选择、信息上报等功能。

3. 事件数据更新

应按照标准规定，当事件的责任主体部门的职能调整变化时，及时调整更新相关事件数据。

4. 管理对象拓展

应建立相应工作机制，并在系统中设置能够实时对管理部件事件类型进行扩展的功能，以适应深化行业监管、监管范围扩展、管理内容扩大导致管理对象增加的新变化。

第 5 章 常见问题分析

本章对数字城管在设计、实施、运维方面的常见问题进行分析，并给出解决方案。本章依据的标准包括应用软件开发标准、政务信息资源标准、信息安全建设标准、基础数据普查建库标准等，详见本书表 1-3。

5.1 系统设计

本节简要分析数字城管前期规划设计中的常见问题，包括系统架构确定、软硬件环境规划、基础地理空间数据选择、运行网络选择等。

5.1.1 关于系统平台建设方式问题

系统平台建设方式选择是数字城管建设的基础性问题，也是保障系统高效运行的关键问题。系统平台建设有两种方式可供选择，即集中式建设方式和分布式建设方式；自建机房运行环境和云计算中心运行环境。

集中式和分布式两种建设方式各有利弊，应注意以下几点：

1. 集中式建设方式

集中式建设，即对辖区各地的数字城管系统进行一体化设计和建设。这种建设方式可以实现"统一标准、统一管理、统一考评"，同时，也有利于后期运行管理数据的汇集。采用集中式建设方式应注意的问题是，在顶层设计中应充分考虑基础数据、动态数据、问题数据与数据交互的逻辑关系，若逻辑关系处理不当，将妨碍系统正常运行。在共享软、硬件基础资源时，应充分统筹考虑地图、数据处理和存储、基础软件等对所要求的软硬件设施的高配置，对系统建设优化的高要求，以及对多系统多架构多流程设计的高标准。

近些年来，部分省市采取集中式建设方式，对所辖区域实行统一建设，加快了数字城管的推广普及进程。

2. 分布式建设方式

分布式建设，即由辖区各地根据实际需求，自主建设数字城管系统平台。这种建设方式有益于业务系统流转和系统软硬件更新换代。分布式建设应注意的问题是，要坚持开放性设计理念，预留数据接口，为抓取数据提供方便性条件。应依据国家标准框定的管理范围和监管对象，根据系统承载业务量及其并发的要求，配置系统软硬件设备性能及运行环境。应预防和避免所设计的基础平台过于狭窄、逻辑延展性低下、底层数据混乱以及分级统筹不清晰等问题。应严格遵循标准规定，按照"统一标准，统一接口"原则对系统平台进行规划设计。

关于传统自建机房运行环境和云计算中心运行环境建设的相关内容，在本书"2.5 系统运行环境"中有详细说明。目前有许多城市选择在云计算中心上租用（付费或免费租用）服务器方式进行系统建设，可以减少一次性投入，降低日常维护成本，而且有利于降低软硬件更新换代成本。一些前期已自建机房运行环境的地方，也顺应发展趋势正在陆续将系统运行环境迁移到云端。

5.1.2　关于软硬件环境的规划问题

由于各地经济条件不同，其系统软硬件设施配比和设计标准存有所差异，有的地方过度配置系统资源而使用率却很低，有的地方设计标准偏低，使系统的故障率提高。避免和解决上述问题应注意以下几点：

1. 进行业务量分析

据 2018 年全国数字城管相关数据测算，现阶段城市的核心区，一般每平方公里每天城市管理的问题量约为 12.0 件~12.8 件，按建成区 100 平方公里计算，每天城市管理问题为 1200 件~1300 件。以此为基础数据再考虑城市发展等因素，建议实行数字城管城市宜按每天受理城市管理问题 1000 件为基数计算业务量。

2. 进行数据量估算

城市管理数据信息具有动态、海量、时空关联的特征。根据数据的特征及信息处理需求，可将城管信息需求分为 4 类：基本信息、动态信息、问题信息和综合信息。基本信息包括人员基础属性信息、设备设施基础信息等；动态信息包括人和设备的位置迁移、形状的改变、数量的改变等；问题信息包括城市管理案件信息、公众诉求信息等异常信息等；综合信息主要包括政策法规等。需要考虑信息的数量存储和业务流程的配比，据此决定系统开发的规模和系统的承载。目前，我国实行数字城管城市的单项业务的数据量通常为每张表单信息 5KB、每张照片 500KB、每个录音文件 1000KB、每个城管案件的位置截图 500KB、每个城管案件的视频信息 5000KB、每个城管案件的数据量为 7505KB、每个电话的数据量为 1500KB，综合信息数据量约为 0.25TB。

3. 确定系统指标

主要包括稳定性指标为无故障运行时间不小于 99.9%；吞吐量指标应满足不少于 1000 个终端使用，不少于 200 个并发操作需求；业务系统操作响应时间不大于 3s；业务数据查询响应时间不大于 3s。

4. 进行软硬件环境设计

包括数据库服务器和数据库存储、应用服务器集群等。

5.1.3　关于基础地理空间数据的选择问题

按照《城市市政综合监管信息系统技术规范》（CJJ/T 106—2010）规定，地理空间数据主要包括地理空间框架数据、单元网格数据、部件和事件数据、地理编码数据，部分数字城管系统还包括可量测实景影像数据、三维模型数据、互联网地图数据等各类新型地理空间数据。数字城管系统的单元网格数据、部件和事件数据、地理编码数据均应按照《数字化城市管理信息系统》标准中的第 1 部分、第 2 部分、第 3 部分进行采集与建库，其他数据的选择应符合以下要求：

1. 坐标系的选择

《城市市政综合监管信息系统技术规范》（CJJ/T 106—2010）标准规定，坐标系应与城市基础测绘所用的空间参考系一致。但由于数字城管系统的相关应用并不关注地物的绝对坐标，相对来说更关注地物之间的相对位置，因此对于坐标系并不苛求，只需与系统中运行的空间数据所采用的空间参考系一致即可。其基础要求为基础地图、单元网格、部件、事件、地理编码等位置数据的坐标系应保持一致。同时还应顾及系统运行的其他类型数据，如人员与车辆定位数据、市政公用、园林环卫等专题数据，对于这些数据无论其原始数据属于何种坐标系，均应使其成果数据在经过坐标转换后处于同一坐标系中。目前较通用的坐标系为 2000 国家大地坐标系（我国当前最新的国家大地坐标系，英文名称为 China Geodetic Coordinate System 2000，英文缩写为 CGCS2000），WGS—84 坐标系（国际坐标系，英文名称为 World Geodetic System—1984 Coordinate System），"火星坐标系"（即经过坐标偏移后的互联网地图坐标系，每个地图厂家坐标系均不一样），应根据实际需要进行选择。一般来说，互联网应用必须使用互联网地图，政务网应用则可根据需要进行选择。

2. 精度的选择

应按照数字城管相关标准选择原始测绘成果的数据精度。若选择使用互联网地图，则应由具备资质的测绘公司将成果数据提交给测绘管理部门进行脱密及审图后方可发布使用，同时其原始成果数据精度仍按照相关标准执行。

5.1.4　关于运行网络的选择问题

按照《城市市政综合监管信息系统技术规范》（CJJ/T 106—2010）规定，建设方应采用现代信息技术建设数字城管中心机房、网络基础设施、信息安全体系等基础软硬件平台。而各地在建设数字城管系统时，由于网络环境不一、信息化基础不一和系统功能与保密要求不一，所以应根据实际情况选择数字城管系统运行网络。应注意以下问题：

1. 考虑地理空间数据的要求

地理空间数据主要包括地理空间框架数据、单元网格数据、部件和事件数据、地理编码数据，部分数字城管系统还包括可量测实景影像数据、三维模型数据、互联网地图数据等各类新型地理空间数据。根据《中华人民共和国测绘法》和《中华人民共和国测绘成果管理条例》等相关法律法规规定，建立以地理信息数据为基础的信息系统，应当利用符合国家标准的基础地理信息数据。若系统使用的地理空间框架数据为 1：500～1：2000 地形图数据，则该数据属于秘密级，网络应采用电子政务内网（专网）或电子政务外网；若系统使用的地图为互联网地图数据（根据相关规定进行了脱密与审图后），则可以使用互联网；若当前系统中既有相应比例尺的地形图数据，又有互联网地图数据，则应采取电子政务网和互联网分别部署相应系统的方式进行建设，且网络之间应进行物理隔离。

2. 考虑本地信息化基础设施的要求

由于各地信息化基础不同，参与数字城管系统运行的各部门信息化基础也不同，在实际应用中，若当地未建设以实现城市各类信息汇聚与共享为目标的城市级数据共享交换系统，则应充分考虑各接入部门及其现有信息化系统的网络状况，若各部门已经接入电子政务内网，则宜采用电子政务网络进行系统部署；若有的部门尚未接入电子政务内网，则宜采用互联网。当各部门已有的信息化系统部署在不同的网络中，如供热公司系统部署于企业内网，或路灯管理系统部署于互联网，又需要将这些系统中的数据或业务与数字城管系统进行对接和融合，则应综合衡量系统接入难度进行选择。

5.2　系统实施

本节简要分析数字城管在系统运行实施方面的常见问题，包括数据普查、部件确权、部件数据现势性、数据成果验收、部件数据属性档案、事件确责、事件数据属性档案、事件数据更新、部件和事件扩展、部件和事件分类代码调整、地名历史数据保存、基本地点数据采集密度、"城管通"数据的安全功能设定、"城管通"的日常维护、预验收工作、监督指挥手册编写、系统试运行等。

5.2.1　关于数据普查问题

数据采集是数据普查的重要环节，应予认真组织。在采集方式上，可以专业化和非专业化采集相结合；在采集手段上，可以现代技术手段采集与传统采集手段相结合。在实际操作中应注意以下几点：

（1）人工采集外业部件数据后，一定要由专业机构及人员进行内业校正，然后形成地理信息数据系统。

（2）可采用移动道路测量系统等现代技术进行实景影像数据采集，获得真实、直观、全面的场景，形成 360 度全景环视效果，实现人机交互式浏览，达到清晰的全景显示效果。实景影像数据需与激光数据基于同一移动测量系统、在同一个时间轴与坐标系下同步触发，确保 360 度连续全景影像数据与激光数据严格对应匹配，专业采集的影像应不低于7200 万像素，且须对城市部件予以标注。

（3）可采用无人机技术对城市重点场所、小区进行空中全景拍摄，拍摄点位应不少于20 个点，全景影像像素不低于 1 亿像素。具体拍摄点位应在校核后现场指定。

5.2.2　关于部件的确权问题

部件确权工作是数字城管的重要内容，应在政府相关部门主导下实施，组织软件公司、专业测绘单位、相关产权部门（单位）联合进行，对普查获取的所有部件数据，应根据其位置、属性和类别，组织相关产权部门（单位）予以甄别确认，逐一进行确权。为了防止权属错误，应克服和避免由专业测绘部门依据"设施上标注的权属单位或者权属单位信息"进行确权确责的做法，保证所有部件"件件有着落"，为数字城管实施精细化管理奠定基础。

5.2.3　关于部件数据的现势性问题

部件数据的现势性是指部件属性数据的及时更新，数据更新不及时和历史数据的丢失是当前存在的普遍问题。应注意以下几点：

（1）要建立基础地形图定期更新机制，防止出现因用于部件定位的地形图未能及时更新、多年未修测不符合城市现状而使得部件普查结果无法在地图上正确标注的问题。

（2）要建立部件普查机制，防止部件数据缺失。"城管通"已具有对部件数据进行增、删、改的补测功能，应随时进行大规模的校验，其校验周期一般应为半年一次，也可以根据各地实际情况确定校验周期。

（3）要严格落实数据更新机制，防止随意性。数据更新的每个环节都应按照标准规范运作，保证数据要素全面、数据正确无误，并适应数据对接、交换和大数据分析的要求。

5.2.4 关于数据成果验收问题

部件普查及测绘成果验收是保证数据质量的重要环节。建设方应按照相关标准规定，招聘具有相关资质的第三方对测绘成果进行验收，验收内容包括部件分类代码的正确性、属性数据的完整性和准确性、部件的定位精度以及部件的完整性等。参与系统建设的相关人员应参加验收。验收时应注意以下几点：

（1）对提交的部件空间数据宜采取现场核实与系统检验相结合的方式进行，由于部件数量繁多，类别多样，一般采取按比例抽取样本方式，通常按外业采样 10％、内业采样 100％的比例检查验收，误差率宜控制在万分之一以内。

（2）对第三方工作人员的数量、过程、工期等文件进行检查，重点检查各项工作开展的合理性。

（3）对普查数据要素的全面性进行严格把关，包括部件空间位置准确性、部件完整性、部件编码正确性等，上述内容应逐一检查，误差应低于万分之一，验收合格后，方可进入系统数据库。

5.2.5 关于建立部件数据属性档案问题

部件属性数据是确权的重要依据。建立部件数据属性档案应注意以下几点：

（1）对属性表中各字段的内容尽量填写完整；

（2）尽可能明确主管部门、权属单位和养护单位，至少落实一个主要责任部门；

（3）建立每个部件与其属性信息在数字城管系统中的关联关系；

（4）在每次部件数据更新的同时更新其对应的属性信息。

5.2.6 关于事件的确权问题

管理事件也应通过普查、确权，框定市与区（县市）之间、上级专业部门与下级专业部门之间、专业部门与专业部门之间的城市管理职能，厘清管理边界，落实管理责任。事件普查应由地方政府牵头组织，由数字城管监督指挥中心具体负责，协调数字城管综合管理服务体系内的相关责任主体部门，按照数字城管标准规定对管理事件予以确权、确责。目前，管理事件案件在数字城管案件总量中占比在 95％以上，因此，搞好事件数据库建设，落实事件管理责任，对提高数字城管运行质量具有重要意义。

5.2.7 关于建立事件数据属性档案的问题

事件的属性数据是事件的特征表述，也是事件的历史记录，是后续城市管理数据分析的基础。通过对发生的所有事件属性的标注，可以研判问题发生规律，为制定解决方案提供数据支持，这也是数字城管区别于其他管理系统的创新特性所在。应注意以下几点：

（1）防止事件属性数据记录不全面；

（2）避免事件属性数据表中无事件代码；

（3）事件属性记录具有随机性强的特点，故应加强事件属性数据管理，以保证数据的现势性、完整性和正确性。

5.2.8　关于事件数据的更新问题

事件的责权随着相关部门的职能调整而变化。因此应根据发生问题事件的实际状况，补充添加该事件的责任主体部门，并根据法律法规，将需要执法解决的事件所对应的法条法典予以补充，为责任主体部门的处置人员实施精细化管理提供法律依据。同时，还应按照国家标准对事件数据库进行调整。国家标准相较行业标准，事件分类的大类没有变化，只是根据管理需要，在相应的大类中扩充了部分小类，同时把部分不易归类的事件按照小类排序列入其他事件类，使其他事件大类中增加了 5 个小类。

5.2.9　关于部件、事件扩展问题

部件和事件的扩展是现实需要的，在执行《数字化城市管理信息系统　第 2 部分：管理部件和事件》（GB/T 30428.2—2013）时应注意以下几点：

（1）在扩展小类之前，应先学懂弄通该标准的所有类别的说明，不能将称谓有差异的部件、事件误作扩展小类。

（2）对未列入标准但需要扩展管理的部件和事件小类，应先确认扩展小类所属的大类，并将其归入该大类，再进行扩展。

（3）对于不能明确归入大类的，则归入"其他部件"或"其他事件"大类，先按顺序编排，待成熟后再进行扩展。

（4）凡扩展的小类均应按照该标准要求编排代码。标准规定扩展的小类在对应的大类下从 99 开始倒排编码，按照这一编码原则，可以通过将扩展部件和事件的属性予以分类，属于共性的，将其增加于标准小类中，属于个性的继续作为扩展类型保留。

（5）在实际编码应用中没有全部涵盖标准中给出的部件和事件类别，不允许将剔除的、本地没有的类别的代码重新赋给其他小类，以免造成统计编码空置、对象不符等错误。

（6）应保证一个城市内所管理的部件和事件分类及代码的一致性，避免造成数据信息共享困难、统计分析错误等问题。

5.2.10　关于部件和事件分类代码的调整问题

部件和事件分类代码调整应注意以下几点：

（1）国家标准规定"部件和事件的大类不得扩展"。因此，单个城市不应扩展大类，已经扩展的应取消，所包含的小类归类到国家标准规定的相应大类中。

（2）国家标准规定"80～99 用于扩充的小类，而且采用倒排方式进行编排"，因此，已经扩展的小类应按照这个规则进行编码。

（3）对于一个代码拆分成几个代码的情况，应酌情处理，例如立杆，应细分为电力立杆、通信立杆、公交立杆、特殊立杆和不明立杆等。

5.2.11　关于地名历史数据的保存问题

《数字化城市管理信息系统　第 2 部分：管理部件和事件》（GB/T 30428.2—2013）

规定，对地点名称数据要有更名记录。对此应注意以下问题：

（1）在地理编码数据库中保留地名的历史数据，以便对原始地名数据进行保护；

（2）应建立索引目录，使人们无论使用哪个时代的名称进行位置查询时，都能够通过对地名数据的历史溯源，实现对城市中地点位置精准定位。

5.2.12　关于基本地点数据采集密度问题

《数字化城市管理信息系统　第 3 部分：地理编码》（GB/T 30428.3—2016），对数据采集密度有明确规定，应注意以下几点：

（1）一类区域相邻门（楼）牌、兴趣点数据间隔不得大于 5m，即在核心区等一类区域内的地址数据采集密度应每隔 5m 就要有一个地点数据；

（2）二类区域相邻门（楼）牌、兴趣点数据间隔不得大于 15m，即在一般人口密度相对少的城区，如新建开发区等，其地址数据的采集至少应该每 15m 有一个地点数据；

（3）三类区域相邻门（楼）牌、兴趣点数据间隔宜小于 30m，即在数字城管覆盖的城乡接合部或者村镇等区域，地址数据至少应该每隔 30m 有一个地点数据。

5.2.13　关于"城管通"数据安全功能设定问题

《数字化城市管理信息系统　第 5 部分：监管信息采集设备》（GB/T 30428.5—2017）对"城管通"安全功能的规定主要包括自动锁定、登录和退出以及数据加密等。在实操中应注意以下问题：

（1）自动锁定功能以及"登录后 30min 未操作能自动保存信息后退出"功能，可以保证即使监督员不慎丢失"城管通"，他人也不能够轻易进行设备操作；

（2）地图数据要加密存储，不应存储超过 6 平方公里的地图数据，并应对存储格式进行加密处理，双重保障地图数据的安全。

5.2.14　关于"城管通"的日常维护问题

"城管通"的维护工作是"城管通"系统正常、稳定运行的重要保障，应注意以下几点：

（1）"城管通"应用软件提供商应对监督员进行软件使用和维护培训，并提供软件用户手册；

（2）"城管通"的导航键、触摸屏系易损部件，应约定设备供应商提供专门的后期维护；

（3）鉴于"城管通"设备和电池的使用寿命较短，以及"城管通"扩展新功能的需要，应建立"城管通"定期更新机制，一般建议"城管通"连续使用 2 年及以上进行设备更新。

5.2.15　关于系统预验收问题

数字城管系统是城市管理体制机制与管理技术和应用技术的集成系统，因此在数字城管系统正式验收之前，建设方的上级行业主管部门应组织专家对系统进行预验收，以发现问题，纠正问题，为正式验收做好准备。应注意以下几点：

（1）对承建方提出已经满足验收条件的系统项目，应组织专家进行查验指导，主要是发现和整改系统存在的不足及问题。

（2）预验收专家应逐一对照、检查核实系统建设是否达到《数字化城市管理信息系统　第 6 部分：验收》（GB/T 30428.6—2017）规定的验收基本条件，核实系统运行各环节的指标及效果，如全部满足验收基本条件则同意其向上级行业主管部门申请正式验收。

（3）预验收专家对发现的问题应提出明确具体的改进意见，并对其整改结果予以核实确认。若合格，则同意其向上级行业主管部门申请正式验收。否则，须建议其继续整改，直到合格为止。

（4）建设方应组织所有承建单位参加预验收活动，认真听取预验收专家对系统建设的意见和建议，以便整改存在问题。

5.2.16　关于监督指挥手册的编写问题

编写并实施监督指挥手册是数字城管顺利运行的重要保证，应注意以下几点：

（1）应由建设方依据《城市市政综合监管信息系统　监管案件立案、处置与结案》（CJ/T 315—2009）标准规定，组织编制监督指挥手册；

（2）应设置适当的"管理指挥和协调督办"的指挥体系，应结合实际明确岗位职责和任务；

（3）应明确规定构建具有"综合监督、科学评价"职能的数字化城市管理监督体系及实施机构，并合理确定机构性质、行政规格并设定人员编制和职责岗位，实行实体化运行；

（4）应强调并体现"信息收集、案件建立、任务派遣、任务处理、处理反馈、核查结案、综合评价"闭环业务流程的严肃性；

（5）国家标准《数字化城市管理信息系统　第 8 部分：立案、处置和结案》（GB/T 30428.8）已完成报批稿，近期将发布实施。各地应据此编制《数字城管管理部件事件管理规范》，并对监督指挥手册进行修订完善，以执行新标准，适应新要求。

5.2.17　关于系统试运行问题

系统竣工且经过联合调试后，即可组织系统试运行。应注意以下几点：

（1）建设方应确认各类数据已经建库，系统功能配置正确且已完成部署，系统经过软件测试和压力测试；

（2）建设方和承建方已共同完成系统各级平台及终端操作人员的岗位培训；

（3）建设方确认网格体系已经建立，监督员等工作人员已经过培训上岗，并且进入业务流程；

（4）建设方和承建方开始对各子应用系统、业务系统、数据系统、流程系统等进行全面测试，并做好试运行日志，及时记录和纠正问题；

（5）系统试运行期间的测试数据应在正式运行时予以清除。

5.3　系统运维

本节简要分析数字城管在系统运维方面的常见问题。

5.3.1 关于运行维护的日常管理问题

对系统进行日常维护是保证系统正常运行的重要手段。应注意以下几点：

（1）应制定系统运行维护管理制度，配备系统管理员并明确其工作职责、工作内容和工作规范，做到系统维护工作制度化、常态化；

（2）应建立并落实系统安全管理体系，实现系统实时监测，包括运行状况、数据库状况、数据备份情况、流程运行状况等，及时发现和消除潜在问题隐患；

（3）应对操作系统、数据库系统、应用系统和网络设备等设置使用权限，严格控制不同用户对数据的访问权限，阻止非授权用户读取、修改、破坏或窃取数据；

（4）应建立严格的数据备份机制，根据数据不同类型制定相应的数据备份策略，对业务数据的备份周期要短，宜进行实时备份；对地理空间数据等基础数据的备份宜加长周期；对重要数据需采取异地备份策略；在进行系统更新和维护时，应做好软件和数据的备份；

（5）应定期分析应用系统日志、数据库日志和业务操作日志等系统运行日志，及时发现系统异常情况。同时应注意日志的变化情况，避免大量日志急剧产生导致硬盘空间被占满的情况发生。

5.3.2 关于地理空间数据更新问题

地理空间数据更新是一项重要的基础性工作，不同类型的地理空间图层数据更新方式和更新周期不同，应根据相关标准规定进行更新。应注意以下几点：

（1）单元网格图层更新要非常慎重，应保证系统中案件信息、考核评价信息更新前后的延续性，避免错位；

（2）专题图层涉及管理区域定位，应注意各类专题图层（如门责区、拆迁区、城市道路区、未移交区、房管部门管理小区、其他区六个图层）之间不重叠，不遗漏。

5.3.3 关于"城管通"选型问题

"城管通"是数字城管数据采集和信息流转的专用工具，在选型时应注意以下几点：

（1）确认所选手机具备标准规定的性能和功能，且经过试用能够正常运行；

（2）所选手机应具有兼容性好的操作系统，便于开发 APP 和小程序；

（3）选型前应与手机系统承建商进行适配。

5.3.4 关于系统功能完善问题

由于客观情况不断变化，系统运行后即进入不断完善的过程。应注意以下几点：

（1）系统管理员应运用应用维护子系统，对相关机构、人员、业务、工作流程、工作表单、地图使用等的变化进行配置和维护；

（2）系统管理员应运用基础数据资源管理子系统对涉及地理空间框架、单元网格、部件、地理编码等地理空间数据的变化进行配置和维护；

（3）在增加新的业务和新的功能需求时，应进行需求分析、工作量评估、系统设计等，应顾及系统的整体性，遵循"先优化、再开发"原则，以保证系统的稳定性。

5.3.5 关于制定应急预案及实施问题

数字城管系统作为地方政府实施网格化管理的重要载体，保证其持续稳定和可靠运行，是各级数字城管监督指挥中心的工作要务，必须有针对性的制定应急预案，定期组织演练，保障系统出现异常后能在最短时间内恢复正常运行。应注意以下问题：

（1）应编制"呼叫中心异常、网络异常、数据库服务器异常、应用服务器异常、磁盘阵列异常、系统软件异常、应用软件系统异常"等 7 种情形的应急预案；

（2）应急预案应设定能够在系统出现异常后，最迟 8h 内恢复系统正常运行的组织与技术措施；

（3）应急预案应对异常恢复时间做出升级规定，并具体规定哪些问题系统管理员可以自行快速处置，哪些问题应当紧急启动系统集成商、系统开发商或相关厂家处理的预案；

（4）应在启动应急预案后，能够根据不同类别问题，在第一时间采用短信、电话、微信等方式告知相关涉及的系统用户（包括相关的岗位、监督员和部门）异常情况及预计恢复时间，并在系统恢复正常之后，采取有效方法通知用户上线；

（5）系统恢复后，系统管理员应即刻登记故障发生和结束时间，对因系统故障影响的工作进行处理，特别是应对故障期间停止的工作流计时进行处理，合理化解故障导致的案件处置超期问题。

5.3.6 关于完善考核评价机制问题

考核评价不够规范、评价内容和手段单一、考评结果通报与反馈机制不健全是当前普遍存在的问题。有的地方考评结果一键自动生成，拘泥于案件处置程度；有的地方考评流于形式，存在"为了考核而处置"的异常现象，致使考评结果失去真实和实质意义；也有的地方几个月才通报一次考核结果，且仅限于在政府部门之间，没有及时向社会公布，未能给责任主体部门形成社会和舆论压力，考核评价的激励作用发挥不力。解决上述问题应注重以下几点：

（1）建立科学合理的考核评价机制，切实运用好评价结果，真正有效驱动核心动力机制，保障数字城管健康可持续发展，进而全面提升城市管理质量与效率；

（2）完善外评价机制，将社会公众满意度放在考评的重要位置，加强公众参与城市管理与监督，聘请第三方进行测评，弥补当前社会监督不足的问题；

（3）应根据当地不同时期的工作内容和重点，随机优化完善考核评价指标设置，应综合考虑问题发生量、问题存续时间、问题解决时间、问题难易程度、覆盖面积等各种因素；

（4）研究制订符合地方实际的考核内容及立体化的考核公式，使之能够全方位地客观评价各数字城管责任主体的履职绩效；

（5）制定数字城管地方性法规制度，明确数字城管综合管理服务体系和系统运行规则，保证考核评价结果的权威性、公正性，增强公信力；

（6）建立常态化考评结果公开机制，坚持考评结果月度公开发布制度，对内建立常态化的信息通报与反馈制度，将考评结果纳入地方政府的绩效考核、行政效能监察指标体系，对外让社会公众参与评价和评论考核评价结果，督促有关责任主体部门履职尽责。

第6章 新技术应用与展望

智慧城市管理是将现代信息技术与现代城市管理的体制、机制、业务流程深度融合，构建起来的一套科学、合理、精准、高效、实时、人性化和智能化的城市管理体制、机制。数字城管成功运行的实践证明，城市管理的智慧化并不能依赖新技术应用来实现，智慧城管的核心是管理模式和运行机制的智慧化，它决定着新信息技术在城市管理事业中的应用，同时新信息技术的发展也能够推进城市管理模式和运行机制的变革和创新。

本章主要对移动互联网、物联网、大数据、云计算、人工智能等新信息技术，在数字城管向智慧城管升级过程中的推广应用进行展望。

本章引用标准见表6-1。

引用标准　　　　　　　　　　　　　　　　　　　　　表6-1

标准编号	标准名称
GB/T 30428.5—2017	数字化城市管理信息系统　第5部分：监管信息采集设备
GB/T 34678—2017	智慧城市　技术参考模型
GB/T 36333—2018	智慧城市　顶层设计指南
CJJ/T 106—2010	城市市政综合监管信息系统技术规范

6.1 新技术应用原则

数字城管智慧化升级是一项庞大、复杂、持续的系统工程。在智慧化升级过程中，应遵循以下基本原则：

1. 坚持制度先行

应按照"中央37号文件"精神，围绕适应"3＋1"新城市管理体制，实现"干净、整洁、有序"的城市管理目标，加大城市管理制度侧供给力度，包括以法律法规形式固化城市管理体制、框定源头治理职责及标准措施、规范智慧城管建设等等，进一步增强数字城管的自适应能力，不断完善和强化监督考评职能，使之在新城市管理体制机制健康运行、全面提升城市管理水平的实践中发挥更加重要的推动作用。

2. 坚持问题导向

应针对城市管理工作中的薄弱环节，有的放矢的研究制订智慧化升级解决方案，分期分批地化解主要矛盾和问题，如优化责任主体的工作流程，推进高效率的"扁平化"管理；建设行业监管应用系统，提高城市管理各行业的管理标准和管理水平；完善社会监管及为民服务系统，增强公众的城市管理参与意识，健全社会监督考核评价体系；优化大数据分析系统，为客观公正的绩效评价、科学合理的源头治理乃至城市管理事业发展决策提供数据支撑。

3. 坚持循序渐进

应编制数字城管智慧化升级规划，制订和落实各项保障措施，有计划、有重点、有步骤地推进升级工作，包括选择数字城管运行良好的城市率先升级；选择技术成熟、稳定性强的新技术先行推广应用；各项新技术应用，宜先选择条件较好的城市进行试点，取得经验后再推广普及，尽力避免和防止脱离实际的"一刀切"和盲目跟风现象发生。

4. 坚持实用为主

目前物联网、云计算、大数据、人工智能等新技术在数字城管系统的应用还不够广泛，有的技术在实际应用中的稳定性不够理想，有的技术应用成本偏高、性价比偏低、有的技术尚处于实验室阶段等等。因此，各地在数字城管智慧化升级的过程中，应"积极、稳妥"、实事求是、突出重点，注重实用性和可操作性，杜绝盲目追求技术先进性的"假、大、空"问题。

6.2　移动互联网技术

6.2.1　技术概述

移动互联网（Mobile Internet），是指互联网的技术、平台、商业模式和应用与移动通信技术结合并实践的活动的总称。移动互联网是互联网与移动通信各自独立发展后互相融合的新兴技术，已呈现出互联网产品移动化强于移动产品互联网化的趋势。目前，第五代移动通信（5G）已成为当今和未来全球业界的焦点，将引领移动互联网进入新时代。5G技术大幅度提高了信息传输速度，可以让各类移动设备和智能终端始终处于联网状态，并且通过与云计算、大数据等技术的结合，可以有效提高城市管理领域各类移动端应用的服务能力。

6.2.2　移动互联网与城市管理应用

1. 在数字城管中的应用

移动互联网在数字城管的应用较为成熟，已成为数字城管系统应用的基础技术之一，广泛应用在信息采集、任务处置等业务环节，如监管数据无线信息采集系统（城管通）、移动处置系统（处置通）、移动督办系统（领导通）、监督考评系统（考评通）等等。详见本书"2.3.1 基本系统"和"2.3.2 拓展系统"说明。

未来移动互联网对于数字城管的应用方向，主要体现在两个方面：一是将桌面端的应用移动化，即将信息采集系统移动化、协同办公系统移动化、大屏幕监督指挥系统移动化和其他系统应用的移动化；二是基于移动互联网的特性和广泛使用，结合并推动城市管理机制体制创新，实现在移动互联网技术下才能实现的创新应用，如全移动业务系统、端到端的"扁平化"管理流程、社会公众参与城市管理等等。

随着移动应用场景的不断增加，出现了单个用户角色与权限不同的情形，为了满足多应用条件下的沟通有效性和应用互通性需求，将所有移动应用基于同一平台聚合的全移动办公平台应运而生。全移动办公平台是移动互联网技术结合模块化设计方法的体现，它将整个智慧城管的办公介质由电脑端向移动端进行转移，将工作和沟通交流融为一体，建成"全移动"的办公环境。

全移动平台一般分为两个部分：一是基础框架模块。基础框架模块为系统自身功能，无需下载插件，各登录用户均能使用，包含地图、消息、功能管理、个人中心等板块。二是业务功能模块。主要结合实际业务需求，建立个性化功能模块，如监督员使用的"城管通"、处置部门使用的"处置通"、领导使用的"领导通"、考评员使用的"考评通"等，并且业务模块具有拓展性，可以模块化的方式进行添加。

2. 在各专业部门业务中的应用

城市管理涉及市政公用、市容环卫、园林绿化、城管执法等多个部门，各业务部门在日常巡查、现场办理、巡检养护等业务过程中，均可以移动互联网技术为基础，搭建移动办公系统。

（1）在城管综合执法中的应用

城管执法各类案件的执法程序都是从现场检查开始，移动执法系统（执法通）可以通过记录违法信息、现场拍摄和上传附件完成检查流程。

"执法通"基于移动端开发，面向基层执法人员，是一线执法人员的重要装备，可提供执法办案、文书编制与打印、即时通信等功能。

（2）在设施维护中的应用

市政、环卫、园林等专业部门，承担日常巡查、设施维护等任务的工作人员，可以基于移动互联网开发各类应用 APP，使巡查发现的问题信息能够实时进入相应工作流程，提高城市管理问题的处置效率。

这类移动巡查 APP 可以与"城管通"系统进行融合，或基于全移动业务平台进行开发。通过"城管通"和移动通信网络实现与监督指挥中心、各专业部门之间的通信。巡查人员在管理范围内可以使用"城管通"通过无线网络向监督指挥中心和相关专业部门上报城市管理问题信息，并接受任务指令和反馈相关信息。

3. 在公众参与城市管理中的应用

利用移动互联网信息量大、公共数据多和信息传输速度快等特性，对现有城市管理公共服务系统进行整合和优化，基于移动互联网建设面向公众的客户端软件和微信平台。一方面，让市民通过智能终端上报发现的城市管理问题，对问题处置情况进行反馈和评价。并可以通过消息推送方式进行宣传、教育，让公众更多地了解城市管理，更积极地参与城市管理，这不仅增加了数字城管的问题发现渠道，节省信息采集运营成本，而且还通过政府与公众的良性互动，增强公众的满意度；另一方面，将政府部门掌握的公共服务资源提供给公众，包括公厕、停车位、医疗机构、政务服务机构、公交车站、公共自行车点位等公共服务设施，实时天气与环境信息、实时交通信息、政务服务办事指南等公共信息，还可以作为应急消息通知的渠道，为公众的生产生活提供便利，大幅度提升公众的幸福感和获得感。

如某省会城市，基于移动互联网建设了"百姓拍"系统，畅通社会公众参与和监督城市管理渠道，形成了管理部门与社会公众的良好互动、多元共治、良性发展的城市治理新格局。系统页面见图 6-1。

图 6-1　百姓拍 APP 页面

　　"百姓拍"系统运行后，一方面提高了问题发现率，降低了采集成本。平均每月立案案件近 10 万条，平均每条案件花费的成本仅为专业信息采集的 60％。另一方面，提高了城管案件的处置质量效率。由于公众上报的问题都是社会热点问题，相关处置部门高度重视、尽快解决，公众满意度大大提高。

6.3　物联网技术

6.3.1　技术概述

　　物联网（The Internet of Things，IoT）是指物物相连的互联网，它通过智能感知、识别技术与普适计算等通信感知技术，广泛应用于网络的融合之中。物联网是一种通过二维码识读设备、射频识别（RFID）装置、红外感应器、全球定位系统和激光扫描器等信息传感设备，按约定的协议，把任何物品与互联网相连接，进行信息交换和通信，以实现智能化识别、定位、跟踪、监控和管理的网络。

传感器获得的数据具有实时性，它可以按一定频率周期性的采集环境信息，不断更新数据。物联网将传感器和智能处理相结合，利用云计算、模式识别等多种智能技术，扩充其应用领域。从传感器获得的海量信息中分析、加工和处理出有意义的数据，可以适应不同用户的不同需求，发现和建立新的应用领域和应用模式。

6.3.2 物联网与城市管理应用

1. 在移动监管对象管理中的应用

城市管理中移动监管的对象主要包括两类，一类是城市管理者自身的资源，包括人员、车辆、设备等；另一类是管理对象，如可移动的垃圾桶、早餐车、渣土车等。针对可移位对象及频繁更换对象的有效监管，可充分利用射频识别（RFID）标签定位技术，给合法、合规的监管对象安装可识别的电子标签，并通过 GNSS 定位设备进行位置监测。

2. 在市政管理中的应用

使用物联网对井盖进行定位监测管理，可以及时掌握井盖的状态信息，并在井盖移动或者被破坏时利用物联网向服务器发出警报通知管理人员，从而最大限度的避免设施损坏与损失。以往井盖丢失后，由于难以实时获取井盖的基本属性信息，致使无法快速找到产权单位及时维修。现在则可以利用 RFID 技术（射频技术），只需扫描井盖的电子标签，即刻便能识别出产权单位，在最短时间内补装井盖。

某市为 500 个污水井盖安装物联感知设备，基于轨迹分析和倾角检测井盖传感器，实时监控井盖的活动状态，及时发现和传输井盖位移、断裂、丢失等异常信息，当井盖发生翻转或位移 15 度以上时会启动报警系统，平台工作人员可在 15 秒内获知井盖信息，并通知抢修人员，有效降低因井盖异常造成的意外事故率，保障市民的出行安全。当井内污水达到临界点，即离井盖 10cm 左右时，系统会自动报警，以便工作人员及时出动维修。同时系统还具有实时监测井盖各种状态信息、基本属性信息、预设报警规则的功能，可以统一指挥调度出警和工程维护。

3. 在户外广告管理中的应用

在户外广告牌管理中，应用远程无线智能身份识别产品，在广告牌审批的同时即派发具有唯一标识号和具有"身份证"作用的无线身份识别标签，标签中同时包含审批时间、广告牌内容、广告牌规格、产权单位、维护单位等属性信息，广告牌建设单位在架设广告牌时，即将该标签内嵌于广告牌中，作为广告牌的合法"身份证"。当相关执法部门（工商、城管等）在执法检查时，可使用手持读写器（PDA、智能手机等）或车载读写器进行远程识别，进而快速甄别出假冒、伪造和非法的广告牌，极大提高识别问题广告牌的效率，降低人工劳动强度。此外，利用标签中存储的信息，还可以实现广告牌审批部门、执法部门之间的数据共享，促进审批、执法的协同工作，改进传统的广告牌管理手段，推进广告牌的数字化、规范化管理。

4. 在公共照明管理中的应用

在公共照明管理中，采用物联网和云计算技术，对城市公共照明管理系统进行全面升级，实现路灯管控集中化、运维信息化、照明智能化。实行远程集中控制与管理的智慧路灯，具有根据车流量自动调节亮度、远程照明控制、故障主动报警、灯具线缆防盗、用电监测、路灯控制、远程抄表和移动终端应用等功能，能够大幅节省电力资源和维护成本，提升公共照明管理水平。后期还可根据实际需求，扩展车流量监测、光感监测等智能化功能。

某市集成照明控制设备、基站设备、环境感知设备、智能显示屏、报警器等相关设施建设的智慧路灯管理系统，可以根据环境照度、车流量、人流量等信息智能分析判断，实时调节道路照明亮度，在不影响照明质量的前提下降低电量能耗；在灯杆 50m 范围内，市民可以接入 Wi-Fi 免费上网；环境感知设备可对周围环境进行监测，实时显示环境监测、气象监测结果指标值；显示屏上则实时滚动显示周边路况、出行时间、周边停车位、天气状况等出行信息；报警器则可用于紧急情况下的报警呼叫。在系统平台上，运管人员可以对智慧灯杆进行实时运行管控，对灯杆状态进行实时监控，对故障进行自动侦测报警，从而大大降低了巡检成本和故障处理成本。同时，该系统还能够通过大数据对设备故障进行分析对比，研判挖掘更为优质的供应商、服务商，筛选建立最优化的路灯规划、亮灯计划模型。

5. 在环境卫生管理中的应用

依托物联网技术与移动互联网技术，合理规划设计环卫管理模式，对环卫管理所涉及的人、车、物、事进行全过程实时管理，提升环卫作业质量，降低环卫运营成本。如在垃圾桶上安装 RFID 芯片和溢满传感器，与垃圾收运平台相链接，通过系统具备的垃圾自动检测、自动计量、在线溢满报警等功能，实现对垃圾桶的实时状态管控，做到垃圾收运日产日清，也可以在环卫车辆安装节油减排终端，运用其 GNSS 定位、车辆油量检测、数据上报等功能，实时采集监控车辆运行状态和油量消耗情况，从而控制作业成本，减少费用支出。同时还可以通过研发数字评估等应用软件，推动垃圾分类管理工作。

某区为 3000 多个垃圾箱安装电子标签，在压缩车上安装读写仪，每当一个垃圾箱将垃圾倒进压缩车后，车辆都会进行识别，并自动扫描记录，在智慧环卫平台可进行实时查看垃圾箱清理量、未清理数量、每辆车的工作量等。某市建设了基于超声波传感器的垃圾箱管理系统，传感器将收集到的垃圾箱和垃圾回收地点的数据通过网络传输到基站，再传送到服务器。通过分析这些数据，管理者能更直观地了解辖区内各个垃圾桶的填充状态，为清运车辆规划最佳的回收路线，从而节省环卫企业的运营成本。据统计，通过减少不必要的垃圾回收造成的车辆燃油和人工费用，能减少 20%～40% 的运营成本。此外，还可以实时监控垃圾桶内的温度或异动，避免因烟头焚烧等导致的二次污染或意外灾害。

6. 在园林绿化管理中的应用

采用物联网技术集合多种软硬件设备建设的智慧园林绿化信息系统，可以通过监测空气温度、湿度和土壤湿度，根据植物属性来制定灌溉策略，提高绿化植物成活率，节省人力投入，提高园林绿化行业管理的科学化水平。该系统也可以查询和接收监测数据和预警信息，实时监测周围环境的空气温湿度、风速、风向、降雨和光照度等信息，并把这些数据传输给服务器，为制订灌溉策略、智能人文服务提供参考依据。同时还可以根据检测历史数据形成分析报告，为园林绿化行业发展决策提供可靠的数据依据。

某市在古树名木管理中，融合物联网、移动互联网、无线传输、统一控制、移动管理终端等技术，建立古树名木身份信息卡，实现全市古树名木的智能化管理。系统不仅能实时查看土壤温度、含水量、电导率，还能随时读取古树名木的生长状态、坐标定位、养护维护记录、砍伐预警、倒伏预警、二维码信息展示等信息，为有的放矢地实施维护管理提供了基础条件。

7. 在工地渣土管理中的应用

基于物联网技术研发的工地可视化远程管理系统、设备安全监控管理系统、工程车辆定位系统、人员安全监控系统及工程进度管理系统等等，为行业主管部门规范建筑工地施工作业行为，保障人员生命安全，提高政府监管效率提供了重要、有效的管理手段。

综合运用物联网管理系统，利用传感器、RFID、GNNS等物联网技术，将移动终端、施工升降机、塔式起重机作业产生的动态情况、工地周围的视频数据、混凝土和渣土车位置、速度信息及时上传到中央处理器进行数据处理分析。数据中心融合各系统数据，进行报警联动等处理，并将相关数据推送至行业主管部门，借助于管理系统，主管部门可以及时准确掌握工地现场的状况，有效提高项目和现场管理效率。

8. 在停车管理中的应用

综合应用位置导航、图像识别、RFID、云计算、地磁感应等技术，建设点对点道路停车位实时感知网络。利用公共停车泊位基础数据库，实现停车资源智慧化，使停车管理数据、财务数据自动化、可视化。

通过将路边划线停车位进行集约管理，结合已有的车辆诱导标牌和互联网导航电子地图，对车位进行双轨查找，市民通过手机APP，即可对车位进行查寻、预约、停车、计时和支付。通过汇总车位检测设备、停车人APP、收费、稽查等终端数据，基于互联网、物联网传输技术，依托综合系统大数据分析、挖掘和决策技术，实时以地图、图表形式向管理人员反馈整体路侧停车运营状态，使管理人员得以实时根据运营情况采取相应管理措施。

某市通过采用物联网技术网络的空位信息查询、停车位空闲出租、诱导系统发布等功能，结合车主的手持终端及地磁技术，实现路侧停车IC卡、微信、支付宝等电子化收费，做到了车位好找、停车不等、泊位善用、付费便利。

9. 在地下管廊建设与管理中的应用

地下综合管廊中的管线容量至少是常规管网的2～3倍，通常设有专门的检修口、吊装口、通风口，以及防火、监测等多种系统，由于设施主体位于地下、空间相对狭小、线性分布、距离较长，且存在照度、氧气、湿度、粉尘、可吸入颗粒物、微生物、动植物等干扰因素，给施工和运维造成困难。采用物联网技术后，在施工阶段，即将加注了构件和管线的尺寸、型号、厂家、位置以及各个构件、管线所对应的操作时间、操作人员等信息的物联网芯片，外嵌于预制构件或现浇构件中，即可以实现施工过程模拟、相关信息查询统计、故障定位等功能。在运行维护阶段，通过水位、压力等物联网传感器可有效减少灾害类风险（如火灾、水灾、恐怖袭击、自然和人为地质环境变化导致的管廊结构体发生变化等）；通过温度、湿度、气体等环境传感器可减少环境类风险（如高温、高湿、管廊建设材料和入廊管线挥发的部分有毒气体、附着或漂浮在管廊中的各类细菌和病毒、小动物、粉尘和可吸入颗粒物等）；通过设备运行监控传感器可减少设备类风险（如电源故障、通信故障、照明故障、传感器故障、控制器、阀门、开关、风机、排水泵等可动作的设备产生故障等）。

6.4　大数据技术

6.4.1　技术概述

大数据（Big Data）也称为巨量数据集合，是指无法在一定时间范围内用常规软件工具进行捕捉、管理和处理的数据集合，是需要新处理模式才能具有更强的决策力、洞察发现力和流程优化能力的海量、高增长率和多样化的信息资产。

大数据的工作流程包括数据采集、数据存储、数据清洗、数据挖掘、数据可视化 5 个核心部分。大数据技术，即在这些工作流程中所用到的技术，包括大规模并行处理数据库、数据挖掘、分布式文件系统、分布式数据库等。

从技术上看，大数据不能用单台的计算机进行处理，必须采用分布式架构，它的特色在于对海量数据进行分布式数据挖掘，必须依托云计算的分布式处理、分布式数据库和云存储、虚拟化技术才能完成。

6.4.2　大数据与城市管理应用

《中共中央国务院关于进一步加强城市规划建设管理工作的若干意见》（中发〔2016〕6 号）中指出，要"加强市政设施运行管理、交通管理、环境管理、应急管理等城市管理数字化平台建设和功能整合，建设综合性城市管理数据库"。城市管理综合性数据库具备了大数据的特征，它是大数据与城市管理的结合，是城市管理领域的大数据。大数据技术能够将隐藏在这些海量数据中的信息和知识挖掘出来，为智能化的城市管理提供依据，从而提升城市的集约化程度，进而提高城市管理的质量与效率。

1. 在扩展数据来源方面的应用

当前城市管理的数据基本来源于城市管理部门内部，渠道比较单一，而大数据的基础信息来源涵盖了政府、企业、团体甚至民众个人等。因此，城市管理要扩展数据来源就应在保证数据真实、及时、有效的基础上，从数据收集技术和信息采集方式等方面入手，充分利用大数据采集技术，在规定领域、规定数据采集范围内，统一规定数据采集的格式、标准，打破数据管理壁垒，最大程度的整合不同来源的数据，尽可能多的将不同个体、不同设备产生和采集的数据纳入到数据采集范围。

某市智慧城管系统整合集成城管系统（含部件、事件、督办数据）、行政审批系统、违建治理系统、渣土管理系统、"12345"市长热线、公文系统、用户权限管理系统、环卫监控系统、移动上报 APP、微信系统等 14 个现有的信息化系统数据，应用大数据分析提升和拓展数据资产的功能，采用对比分析、排名分析、业务专题分析、监控预警、KPI 指标监控、结构分析、时序分析等分析手段，对市政、环卫、园林、城管执法 4 个行业的相关数据进行分析呈现，为辅助行业主管部门做出科学发展决策，提供了有价值的参考数据。

2. 在城市管理决策的应用

大数据对决策者的意义体现在决策的三个阶段，即事前预测、事中感知和事后反馈。依托决策模型，首先进行海量信息的收集以及初步的分析处理，以格式化数据的形式输入并存储到大数据管理平台中，在这个环节中，不断调用内部数据分类、数据存储、挖掘分析等功能，进行分类存储。在此基础上，通过大数据分析挖掘找出事物的发展规律和特点，在辅助做出决策并实施推广后，继续针对决策实施情况进行全样本的监督和反馈，并对新产生的数据构建可量化的数学模型，以进一步调整决策，改进管理与服务。

基于大数据的决策模式，遵循数据"收集—存储—分析—输出"的生命周期对信息进行管理，改变了以往以实施为终结的状态，增加了监督反馈环节和比重，使得决策能够在客观信息的收集、存储、分析、决策、实施、监督反馈的循环中不断自我调节优化，为政府部门科学决策提供正确的数据支持。

3. 在城市精细化管理方面的应用

首先，大数据技术能够对城市管理对象进行精细化区分，将管理对象由部件、事件管理转化为分层级的对象管理，便于更精准的差异化管控。

其次，大数据技术能够辅助将城市治理措施精细化。通过剖析大数据采集、分析与共享的工作流程后可以认为，基础数据对城市运行状态的实时监测和动态管理，是帮助城市治理提高精细化水平的基础。以环境卫生管理为例，通过收集网格巡查、执法监控、公众举报、物联网感知等信息形成对环境卫生动态监控的数据集，结合交通、公安、民政、卫计等部门的数据进行大数据分析后，可以作为保洁人力分配、道路交通管理、城管执法等管理和执法的依据。各部门各司其职后产生的数据又可以成为上级主管部门进行集中调度管控的数据依据。这种管理方式可以精确到某一个点，无论是精确度还是反应速度上都大大高于传统管理模式。

同时，大数据还可以实现对精细化管理绩效的精细化考核。管理过程产生的海量数据记录了城市管理的各个环节、行为、位置、时间，也汇聚了城市运行状况作用于经济、交通、卫生、医疗、教育等方面的相关数据，还能收集到社会公众多渠道反馈的举报与建议，这些数据更客观、真实、全面地反映了城市管理状况，使考核评价更加公开、公平、公正，促使政府部门全方位提高城市管理水平。

4. 在城市管理应急方面的应用

应急管理可以分为应急预防、应急准备、应急响应、应急恢复等多个阶段，不同的阶段可运用不同的大数据技术和思维进行分析研判与决策指导。在应急预防和准备阶段，大数据技术一方面可以通过对危险源和风险点的监测来汇聚数据并实时预警，另一方面可以通过对群体行为、物资需求、历史数据等数据进行分析计算，提出队伍建设、应急预案、资源储备、应急演练与培训等方面的优化方案。在应急响应过程中，通过大数据技术能够及时准确的获取和传递信息，帮助参与到应急响应的各方面都尽可能多的了解事件的全貌，并能基于对事态的完整把握做出决策，进而进行合理的资源调配、人员疏导等。在应急恢复阶段，一方面可以通过大数据技术总结分析相关经验教训，另一方面还可以模拟出重建、恢复方案，同时，运用网络舆情大数据的情感分析、关联分析，可以有效挖掘公众对应急管理的态度倾向和议题焦点，为改进应急管理提供精准支持。

某市数字城管信息系统结合实时物联网数据和政务数据进行预警分析汇总，提供统一的预警管理功能，对市政、园林、环卫、城管执法等运行指标进行监控，提升了对常规城市管理应急事件的预测与预防处理能力。

5. 在城市管理政务服务方面的应用

为人民群众提供"一站式"服务已成为城市管理工作的要务，而以往的政务服务却受限于数据流通不畅而无法实现。

运用大数据汇聚技术，可以打破信息壁垒，提供政务协同办理服务。所有的政务处理信息，通过标准数据的形式存储于大数据管理系统，对于需要多个部门同时参与的业务，各部门可以同时收到数据平台的信息，同步启动政务处理步骤。对于需要严格按照处理顺序处理的业务，各部门能够按照行政办公程序先后收到信息，每个环节限定办理时间，直至办理结束反馈给市民。市民可随时在线上平台查询到办件进度，并按照各个环节的要求补充或调整申报材料。各个部门协同办理，将大大降低办理成本，提高办事效率，提升公众满意度。

6. 在数据安全方面的应用

通过整合、存储、分析及共享而形成的城市管理大数据，虽然可以为政府、企业、个人的管理、经营产生巨大价值，但伴随而来的数据安全问题，也需要运用大数据技术予以解决，主要有以下几方面应用：

（1）通过数据资产梳理功能，实现数据的清单化管理，包括对数据进行分级、分类，对核心数据和敏感数据进行持续监控和重点防护，使所有被使用的数据都符合安全检测标准；

（2）通过对使用数据人员进行行为审计，将主客体的操作行为形成详细日志，包括用户名、IP、操作、资源、访问类型、时间、授权结果等，以加强对数据使用者的行为管理，控制不当操作；

（3）通过设置相应策略，对数据的脆弱性、敏感性进行检测，保障数据安全可用；

（4）通过数据应用访问控制功能，对所有用户和应用程序提供精细的数据授权和访问控制。

6.5　云计算技术

6.5.1　技术概述

云计算技术（Cloud Computing Technology）是基于云计算商业模式应用的网络技术、信息技术、整合技术、管理平台技术、应用技术等的总称，是基于网络的、可配置的共享计算资源池，是能够方便的、随需访问的一种模式。这些可配置的共享资源计算池包括网络、服务器、存储、应用和服务。并且这些资源池以最小化的管理或者通过与服务提供商的交互可以快速地提供和释放。云计算技术主要包括虚拟化技术、分布式海量数据存储技术、海量数据管理技术、分布式编程方式、云计算平台管理技术等。

6.5.2　云计算与城市管理应用

传统数字城管的运行环境存在建设费用高、建设周期长、系统维护费用高等问题，给系统建设和运行造成困难，随着数字城管系统不断向深度和广度拓展延伸，其业务范围、信息数据量将大幅度增加，对数据存储空间和安全性要求更高，对系统管理与维护人才要求更专业，这势必大大增加系统的运行成本。而云计算技术则可以通过集合多种技术搭建虚拟运行环境，降低运行成本、增强数据安全性、应用多样性和加快信息共享速度，成为数字城管系统发展的有效途径。

1. 基础设施虚拟化

在传统数字城管系统运行环境建设中，一般包括机房、服务器、数据库、网络及安全设备建设等，这种建设方式，一般存有设备资源浪费、能耗高、机房面积大、管理复杂、系统安全隐患多及故障率较高等问题。

云计算平台通过服务的方式交付对物理硬件的需求，对现有系统进行整合，将物理资源转换成池化的可动态分配的计算单位，数字城管若采用云计算中心，即可以从根据实际业务需求，在资源池中划分出满足具体业务量的单元，不再受限于物理上的局限，从而提高资源的利用率，据测算采用云计算中心后机房面积大大缩小，服务器数量减少50％以上，其他配套设施也相应减少，可节省电量70％以上。

2. 云架构的数字城管系统

传统架构的数字城管应用系统，模块之间耦合度太高，若其中一个功能升级，其他模块都须同步升级部署，并且系统扩展性差，不能灵活进行分布式部署。而云计算技术可以改变数字城管系统架构设计，采用分布式技术，把系统拆分成多个子系统，把模块拆分成若干部分，使用接口通信，降低模块之间的耦合度。

在系统开发时，可以将系统项目拆分成若干个子项目，在增加功能时只需要再增加一个子项目，调用其他系统的接口就可以灵活的进行分布式部署，这样就可以提高代码的复用性。比如文件搜索服务，如果不采用分布式服务方式架构就需在每个端都增加一个文件搜索服务功能，开发量大，难以维护，而采用分布式服务方式就可以共用一个搜索服务，不用重复编写代码，直接调用相关接口即可。云架构的数字城管系统总体架构示意见图6-2。

云架构的数字城管系统，将城市管理的数据、应用系统软件均部署在整个城市的基础云平台中。云架构的数字城管系统一般具备以下主要功能：

（1）支持多租户方式，通过给各市、区（县市）配置不同的业务数据库，使多个用户可同时使用同一套应用系统。各级用户的数据不会发生感染，可对用户的隐私予以安全保护。

（2）支持云-端互动，各市、区（县市）用户可以通过任意智能端直接从平台中享受平台提供的服务，而不用考虑系统兼容、应用接口问题。

（3）在业务流程上，每个用户的业务流程可以独立配置和运行。

（4）整体平台和各个用户的权限和功能配置相互独立。

云架构的数字城管系统，实现了架构改变和性能优化，可以解决传统架构中存在的性能"瓶颈"，包括因高峰时段数据库读写操作频繁带来的延迟问题、弹性扩展功能使用时产生的硬件资源不足问题、单项业务资源的弹性自动分配和回收问题以及各个业务之间共享和复用资源问题，进一步完善数字城管系统性能，提高运行质量与效率。

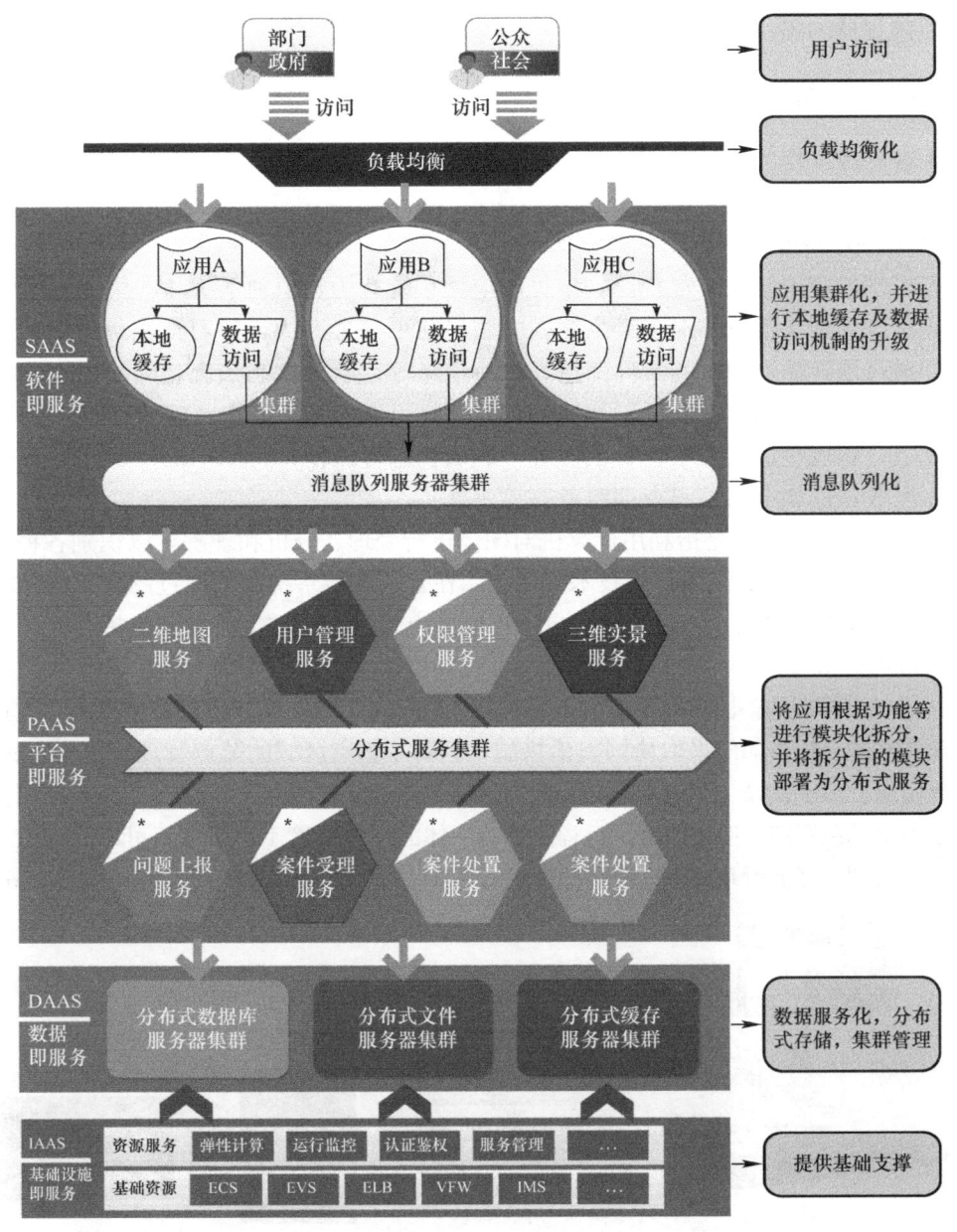

图 6-2 云架构的数字城管系统示意图

6.6 人工智能技术

6.6.1 技术概述

人工智能（Artificial Intelligence，AI）是研究、开发用于模拟、延伸和扩展人的智能的理论、方法、技术及应用系统的一门新的技术科学。人工智能是计算机科学的一个分支，该领域的研究包括机器人、语言识别、图像识别、自然语言处理和专家系统等。它由不同的领域组成，如机器学习、计算机视觉等等。目前人工智能技术的理论和实践正日益成熟，应用领域不断扩大。

6.6.2 人工智能与城市管理应用

人工智能技术作为智慧城市建设的核心共性技术，是智慧城管实现全面透彻感知、人性智能决策的重要技术之一。

1. 声音图形智能识别应用

语音识别的应用领域非常广泛，常见的应用系统有语音识别系统和图像识别系统。

（1）语音识别系统。相对于键盘输入方法，它更符合人的日常习惯，也更自然、更高效，例如通过语音输入相应的案件信息、执法信息等；语音控制系统，即用语音来控制设备的运行，相对于手动控制来说更加快捷、方便，可以用在诸如语音拨号系统、智能设备等许多领域；智能对话查询系统，根据客户的语音进行操作，为用户提供自然、友好的数据库检索服务，例如电话号码查询服务等等。

（2）图像识别系统。是指利用计算机对图像进行处理、分析和理解，以识别各种不同模式的目标和对象的技术。图像识别技术主要应用在智能监控系统中，通过图像识别技术，基于车载移动摄像头在街面巡查过程中，自动识别城市管理问题并上报监督指挥中心，也可以通过无人机搭载摄像头，在城市上空巡检时发现疑似违法建设或其他违法违规行为。

现阶段城市管理的整治重点主要是市容市貌、环境卫生、街面秩序，虽然投入了大量的人员进行巡查并联合相关部门采取协同整治措施，但对于重点区域的摊点管理、建筑立面监管、建筑垃圾清运、违法建设、车辆乱停等顽疾的治理工作尚存在"盲区"。通过应用智能图像识别技术，实行集动态管理、巡查执法、远程监控为一体的综合监管工作方式，可以完善数字城管的问题发现机制，降低行政成本，提高问题处置效率。智能图像识别系统业务流程见图 6-3。

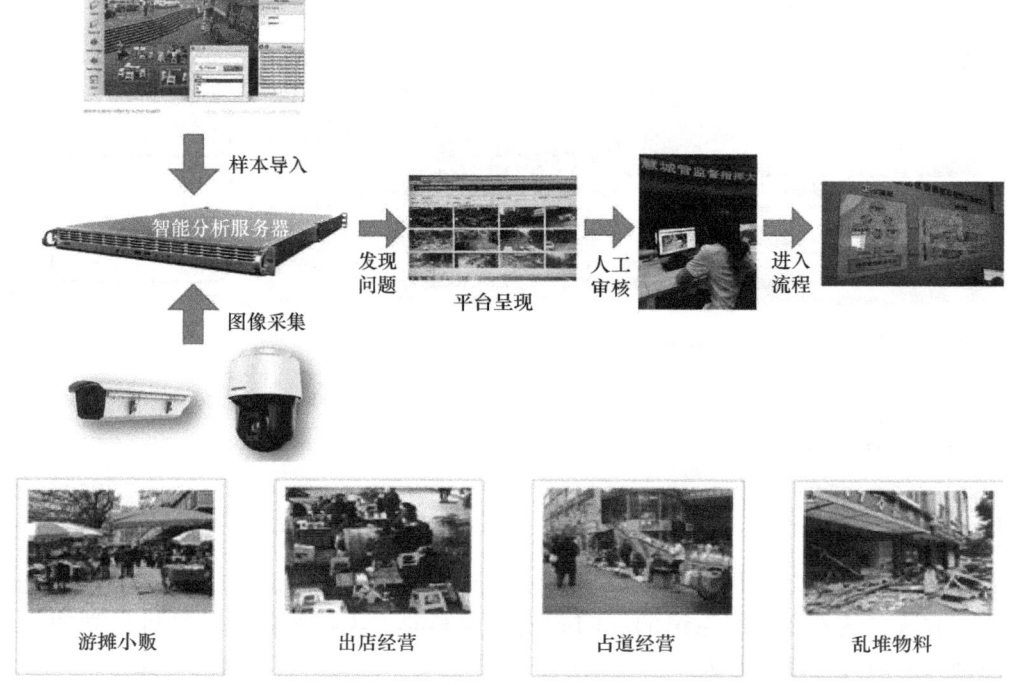

图 6-3　智能图像识别系统流程

目前智能图像识别技术已经基本能够识别出店经营、游摊小贩、占道经营、乱堆物料等管理对象，后续随着样本的不断完善和算法的优化，将会有更多城市违法、违规行为被高效识别。

2. 行为模拟应用

行为模拟主要指利用人工智能技术对城市管理中某一类事件的历史数据进行分析，用来模拟未来可能发生的趋势，并寻找解决方案；也可以对某一类规划进行模拟验证，对其各方面产生的积极影响或消极后果进行评估，包括环境、交通、安全等。利用人工智能技术对城市中的行为进行模拟，可以为决策提供依据，对风险进行预测。

例如，对于城市垃圾收集点的设置，可以根据人工智能行为模拟，规划出科学合理的设置垃圾收集点及其规模，以最大化的满足社会及居民对生活生产垃圾的投放需求。

3. 重复劳动替代应用

目前人工智能可以替代的劳动主要为简单的体力劳动或一般劳动，例如道路自动化清扫、管道巡检养护、街面秩序巡查等等。

智能监控与分析技术在城市管理中的应用愈来愈广泛，通过智能监控分析系统可以提高城市管理问题发现效率，实现问题现场的精准定位，与数字城管系统对接后，可以将智能识别的违法违规行为，自动生成位置及行为文字、视频录像、识别图片等信息，并自动导入业务系统予以处理，从而，能够有效降低行政成本，提高处置效率。

总之，移动互联网、大数据、云计算、物联网、人工智能等新信息技术是数字城管向智慧化升级的重要手段，各地应积极、稳妥地推广应用新技术，为实现城市管理的信息获取自动化、监督管理精细化、业务职能协同化、服务手段多样化、执法手段人性化、辅助决策智能化提供技术支撑，推进数字城管智慧化升级，开创新时代城市管理工作新局面。

参 考 文 献

［1］ 陈平. 网格化—城市管理新模式. 北京：北京大学出版社，2006.

［2］ 全国市长研修学院（住房和城乡建设部干部学院）. 数字化城市管理标准解读. 北京：中国城市出版社，2019.

［3］ 全国市长研修学院（住房和城乡建设部干部学院）. 数字化城市管理理论、技术与实践. 北京：中国城市出版社，2019.